21/43.

LES PHOBIES

CHRISTOPHE ANDRÉ

LES PHOBIES

DOMINOS
Flammarion

CHRISTOPHE ANDRÉ.

Médecin psychiatre, spécialisé dans le traitement des phobies, des troubles anxieux et des maladies dépressives, Christophe André exerce dans le service hospitalo-universitaire de l'hôpital Sainte-Anne, à Paris. Il est également enseignant à l'université Paris-X.

Ses principales publications sont :

La Peur des autres : trac, timidité et phobie sociale (avec Patrick Légeron), Odile Jacob, 1995.

Comment gérer les personnalités difficiles (avec François Lelord), Odile Jacob, 1996.

La Timidité, PUF, 1997.

Phobies et obsessions (dir.), Doin, 1998.

Le Stress (avec François Lelord et Patrick Légeron), Privat, 1998.

L'Estime de soi (avec François Lelord), Odile Jacob, 1999.

© Flammarion 1999
ISBN : 2080357085
Imprimé en France

SOMMAIRE

La première fois qu'apparaît un mot relevant d'un vocabulaire spécialisé,
explicité dans le glossaire, il est suivi d'un *

Avant-propos

« Cette peur irraisonnée s'empara d'elle à nouveau tout à coup. Une forme noire se mit soudain à tourbillonner devant ses yeux, comme une toupie, une affreuse raideur paralysa ses genoux, et elle fut obligée de se retenir à la rampe pour ne pas tomber… » Dans sa nouvelle *La Peur*, Stefan Zweig décrivait, en 1913, les affres d'une jeune femme phobique.

Les phobies sont sans doute l'un des troubles psychologiques les plus répandus, puisqu'on évalue à environ 12 % de la population les personnes qui en sont atteintes.

Encore perçues aujourd'hui comme des affections bénignes, voire pittoresques – la bande dessinée a ainsi popularisé l'image de la dame phobique des souris, hurlante et juchée sur une chaise –, les phobies sont pourtant, pour certaines formes d'entre elles, des maladies sévères et invalidantes, très éloignées de cette imagerie humoristique.

Longtemps tenu à l'écart des préoccupations des

psychiatres, ce type de trouble psychique est aujour-d'hui l'objet d'un ensemble de recherches en plein renouveau.

Cet ouvrage vous propose de découvrir le monde des phobies.

D'abord en apportant des éléments de réponse aux principales questions habituellement posées à leur sujet : Quelle est la différence entre peur et phobie ? Comment se définit une phobie ? Quelles sont les phobies les plus courantes et leurs manifestations ?

Puis en proposant un point sur les connaissances actuelles quant à l'origine et aux mécanismes des phobies. Pourquoi devient-on phobique ? Le reste-t-on pendant des années ? Peut-on guérir les pho-bies ? De quelle façon ?

Les phobies, portrait de famille

Peurs et phobies

Tout le monde croit savoir ce qu'est une phobie, car tout le monde sait ce qu'est la peur. On perçoit alors la phobie comme une sorte de peur maladive et excessive. Les choses sont-elles aussi simples ?

Les peurs

On appelle peur l'ensemble des réactions qui accompagnent la prise de conscience d'un danger ou d'une menace. Présente chez les animaux comme chez l'être humain, la peur est une émotion universelle. Ainsi, les mimiques faciales de peur sont facilement identifiées d'une culture à l'autre : un Lapon reconnaîtra parfaitement une expression de peur sur la photographie d'un Mexicain. Comme toutes les émotions dites fondamentales, la peur se caractérise également par sa rapidité d'apparition (quasi instantanée), par l'importance des phénomènes physiologiques qui lui sont associés (accélération des rythmes cardiaques et respiratoires, tension musculaire…), et par des manifestations comportementales spécifiques (fuite ou sidération anxieuse). Dans le règne animal comme chez l'être humain, la peur peut être un moteur ou un handicap*, comme le décrit Montaigne dans ses *Essais* : «Tantost elle nous donne des aisles aux talons […] ; tantost elle nous cloüe les pieds et les entrave…»

La liste des peurs de l'être humain est presque infinie. On peut cependant les répartir en trois catégories principales : les peurs «naturelles», retrouvées à toutes les époques et dans toutes les cultures (comme la peur du vide ou de certains animaux); les peurs liées aux connaissances et aux comportements humains, propres à chaque époque (comme

12

Il semble peu probable qu'aient pu exister des cultures ou des groupes humains ne connaissant pas la peur. Uderzo et Goscinny, *Astérix et les Normands*, © 1999. Les Éditions Albert René/Goscinny-Uderzo.

aujourd'hui la peur du sida ou de la guerre atomique); les peurs que l'on pourrait enfin qualifier de «métaphysiques» (comme la peur de la fin du monde, ou des manifestations de l'au-delà).

Chez l'enfant, la peur est un phénomène considéré comme normal : au fur et à mesure de son développement psychologique, l'enfant découvre des phénomènes qu'il doit apprendre à connaître et à maîtriser, mais qui lui inspirent initialement de l'appréhension. Ces peurs infantiles disparaîtront d'autant plus facilement que les adultes de l'entourage n'en seront pas eux-mêmes atteints, et qu'ils aideront l'enfant à les affronter de manière progressive et contrôlée, dans un climat de sécurité affective.

Âge	Peurs
jusqu'à 6 mois	perte d'appuis, bruits forts
de 7 mois à 1 an	visages inconnus, objets apparaissant brutalement
de 1 à 2 ans	séparation d'avec les parents, bain, personnes inconnues
de 2 à 4 ans	animaux, obscurité, masques, bruits nocturnes
de 5 à 8 ans	êtres surnaturels, tonnerre, gens «méchants», blessures corporelles
de 9 à 12 ans	événements rapportés par les médias, mort

Les peurs normales de l'enfant

Cependant, certaines peurs restent fréquentes chez les adultes. Environ 60 % des personnes déclarent souffrir d'une peur excessive. Ces peurs adultes sont souvent la continuation de celles qui ont été ressenties dans l'enfance; c'est notamment le cas pour les peurs liées aux animaux ou pour la peur du sang.

Type de crainte	% de personnes souffrant de peur significative	% de personnes souffrant de phobie
Animaux	22,2 %	5,7 %
Hauteurs	20,4 %	5,3 %
Sang	13,9 %	4,5 %
Vol aérien	13,2 %	3,5 %
Espaces clos	11,9 %	4,2 %
Eau	9,4 %	3,4 %
Orages	8,7 %	2,9 %

Peurs et phobies chez les adultes

À quoi sert la peur? La peur, comme la douleur, joue un rôle de signal d'alarme nécessaire à la survie de l'individu et de l'espèce. Elle a donc une fonction adaptative et préservatrice indispensable. Les réactions de peur font d'ailleurs partie du patrimoine génétique de la plupart des espèces animales, et sans doute aussi de l'espèce humaine.

De la peur à la phobie

« Tous les hommes ont peur. Tous. Celui qui n'a pas peur n'est pas normal… » Dans son *Esquisse d'une théorie des émotions*, Jean-Paul Sartre souligne que la peur peut être considérée comme un phénomène normal, utile et adaptatif. Mais il n'en est pas de même pour la phobie, cette maladie de la peur, ou cette peur maladive.

Dans l'Antiquité, les Grecs disposaient de deux mots pour désigner leurs appréhensions : *deos*, qui signifiait une crainte réfléchie et mentalisée, et *pho-*

bos, qui décrivait une peur intense et irraisonnée accompagnée d'une fuite. Quelle différence peut-on établir en français entre peur et phobie ?

Imaginons que vous ayez *peur* des araignées. Vous n'aimerez guère descendre à la cave, mais la perspective d'en remonter une bonne bouteille pour recevoir des invités vous motivera pour surmonter votre dégoût des arachnides. De même que vous ne tremblerez pas à l'idée d'un week-end à la campagne chez des amis sous prétexte qu'il s'y trouve quelques araignées dans les placards. Et d'ailleurs, si vous en rencontrez une, vous l'écraserez sans pitié. Si en revanche vous êtes *phobique*

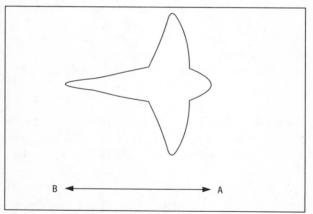

15

Des peurs innées sont présentes chez un certain nombre d'espèces animales : si on fait voler au-dessus de jeunes canards cette silhouette, elle entraînera des réactions de peur chez les oisillons seulement dans le sens A (qui la fait ressembler à un faucon) et pas dans le sens B (qui la fait ressembler à une oie). Ces réactions apparaissent immédiatement après l'éclosion, en l'absence de contacts préalables avec des adultes de la même espèce.

des araignées, vous refuserez formellement de monter au grenier chercher de vieilles photos de famille, même sous la menace. La perspective de vous rendre en vacances dans un pays exotique, peuplé de grosses araignées, vous angoissera plusieurs mois à l'avance. Et si vous vous trouvez nez à nez avec une araignée, votre peur sera si grande que vous risquerez de ne même pas pouvoir l'écraser.

Peur	Phobie
Émotion	Maladie
Anxiété d'intensité limitée, souvent contrôlable	Anxiété pouvant aller jusqu'à la panique, souvent incontrôlable
Évitements modérés, et handicap léger	Évitements importants et handicap significatif
Peu d'anxiété anticipatoire : l'existence n'est pas organisée autour de la peur	Anxiété anticipatoire majeure : l'existence est organisée autour de la peur

Au fond, la phobie peut être définie comme une *peur très intense*, incontrôlable et pouvant aller jusqu'à l'attaque de panique. Celle-ci pousse le phobique à *éviter des situations bien spécifiques* (dites «phobogènes»), et entraîne de ce fait chez lui un certain degré de *handicap* (du fait de ces évitements, son autonomie matérielle et psychologique est restreinte, parfois de façon importante).

La différence entre peurs et phobies

Prises dans leur ensemble, les phobies sont un trouble particulièrement répandu : on évalue à environ 12 % de la population les individus qui souffriront d'une phobie au cours de leur existence. Il s'agit donc d'une des maladies psychiatriques les plus fréquentes. De manière générale, les femmes sont deux fois plus touchées que les hommes. On n'en connaît pas bien la raison : est-ce dû à des causes biologiques ? Ou à des facteurs psychologiques ? Ou tout simplement à ce que les sociologues appellent un « biais déclaratif » : les femmes avoueraient plus volontiers des troubles qui paraissent peu virils aux hommes ?

Par ailleurs, les demandes de consultation venant de personnes phobiques découlent davantage du handicap matériel (« Je ne peux plus effectuer telle ou telle activité à cause de la phobie ») que de la souffrance anxieuse elle-même, plutôt gérée par les évitements.

17

Les troubles phobiques

Avant de décrire les principales formes de phobies, commençons par rappeler que le mot « phobie » est souvent utilisé pour désigner des déséquilibres psychiques qui ne relèvent pas, aux yeux des psychiatres, d'une véritable pathologie phobique.

Par exemple, ce que les non-initiés nomment la « phobie des microbes » s'avère le plus souvent être un TOC (trouble obsessionnel-compulsif*), et les craintes liées à ce type de trouble (peur d'être contaminé par la saleté ou des microbes, peur de commettre une erreur, peur de faire du mal à autrui…) sont associées à des rituels de neutralisation de l'angoisse*, appelés «compulsions» (lavages, vérifications…), qui n'existent pas dans les «vraies» phobies.

La «phobie des maladies», quant à elle, désigne souvent en fait l'hypocondrie, affection sous l'emprise de laquelle une personne est habitée par l'idée obsédante qu'elle est atteinte d'une maladie grave que les médecins n'auraient pas encore diagnostiquée. Les comportements hypocondriaques typiques sont plutôt des recherches incessantes de réassurance (par des consultations et des examens médicaux) que de véritables évitements phobiques. Enfin, la dysmorphophobie désigne une préoccupation excessive pour l'apparence physique, chez des patients convaincus d'être porteurs d'un défaut morphologique. Parmi les symptômes liés à ce trouble, on retrouve, un peu comme dans le TOC, auquel la dysmorphophobie est sans doute apparentée, des ruminations obsédantes et des comportements de vérification (contrôler des dizaines de fois par jour son aspect physique dans le miroir).

Ce désordre sémantique dans l'utilisation du mot «phobie» provient en partie de la confusion qui a longtemps été faite au sein même du monde psychiatrique entre les préoccupations obsédantes intériorisées (comme le trouble obsessionnel-compulsif) et les angoisses plus extériorisées et réactionnelles (comme les phobies). Avant les travaux de Freud, la psychiatrie du XIXe siècle était en effet davantage pré-

Quelques phobies originales

Friande de néologismes, la psychiatrie du xixe siècle fut, ainsi que l'a noté Freud, à l'origine d'une profusion de « pimpants noms grecs [...] ressemblant à l'énumération des dix plaies d'Égypte, à cette différence que les phobies sont beaucoup plus nombreuses ».

Acrophobie : peur des hauteurs (*akros*, « qui est à l'extrémité »), équivalente à la kénophobie (*kenos*, « vide »), et sans doute à la crémnophobie (peur des précipices) ainsi qu'à l'orophobie (peur des lieux en pente et des montagnes).

Aérodromophobie : peur des voyages en avion.

Algophobie : peur de la douleur.

Apopathodiaphulatophobie : peur de la constipation.

Astrapéphobie : peur des éclairs, souvent associée à la bronthémophobie (peur du tonnerre) et à la cheimophobie (peur des orages et des tempêtes).

Hématophobie : peur du sang, proche de la créatophobie (phobie de la viande) et de la bélonéphobie (peur des épingles et aiguilles).

Oicophobie (de *oikos*, maison) : peur de revenir chez soi après une hospitalisation.

Zoophobie : peur des animaux. Elle peut comprendre l'ornithophobie (peur des oiseaux), l'ailourophobie (peur des chats), la cynophobie (peur des chiens), la musophobie (peur des souris), l'arachnophobie (peur des araignées), etc. La trichophobie est la crainte des poils.

Phobophobie : peur de ressentir de la peur.

Sidérodromophobie : peur des voyages en train (étymologiquement : « chemin de fer »).

Taphophobie : peur d'être enterré vivant.

occupée par un classement exhaustif des phobies que par une compréhension de leurs mécanismes.

La classification scientifique actuelle des phobies, la plus largement utilisée par les équipes de recherche du monde entier, est d'origine nord-américaine. Elle sépare les phobies en trois groupes principaux. Les *phobies spécifiques* regroupent notamment les phobies des animaux, des éléments naturels, du sang et des blessures. Auparavant appelées «phobies simples», elles entraînent un handicap assez limité, car les conduites d'évitement qui leur sont associées restent compatibles avec une vie à peu près normale.

L'*agoraphobie* est marquée par la crainte de ressentir un malaise, surtout dans certains lieux publics. Elle est très handicapante, car les évitements qu'elle entraîne atteignent la capacité d'autonomie de la personne phobique : tout déplacement hors de chez soi peut devenir un problème. L'agoraphobie est en général associée à un trouble panique, qui se manifeste sous la forme de violentes et déstabilisantes crises d'angoisse.

Les *phobies sociales* consistent en une peur intense du regard et du jugement d'autrui. Elles sont souvent considérées comme les plus invalidantes des phobies, car les évitements sociaux privent le malade d'un nombre plus ou moins grand d'activités relationnelles, essentielles à son équilibre et à son développement personnel.

Les phobies spécifiques

C es phobies sont sans doute les plus simples à comprendre : une personne redoute quelque chose de précis et fait tout pour l'éviter. Les objets ou situations pouvant s'avérer source de phobie spécifique sont multiples, mais on peut grossièrement les regrouper en cinq types : les phobies des animaux, des éléments naturels, du sang et des blessures, les phobies « situationnelles », et, enfin, les autres phobies. L'appellation « phobie spécifique » rappelle que les peurs regroupées sous cette catégorie sont en général assez circonscrites : en dehors des moments de confrontation à ce qui lui fait peur, ou de leur anticipation immédiate, la personne phobique se sent en sécurité. Environ 8 à 10 % des individus souffrent de phobies spécifiques.

Les principaux types de phobies spécifiques

Phobies des animaux : oiseaux, insectes, chiens, chats…
Phobies des éléments naturels : eau, vide, orages, obscurité…
Phobies du sang et des blessures : piqûres, prises de sang, soins dentaires…
Phobies situationnelles : moyens de transport (avion, train, voiture), espaces clos (ascenseurs, tunnels, etc.)…
Autres phobies : vomir, s'étouffer, tomber…

Les phobies des animaux

Ce sont les plus fréquentes, notamment chez les femmes, qui représentent 75 à 90 % des sujets zoophobes. Les animaux le plus souvent source d'angoisse sont, dans l'ordre, les insectes, les souris et les serpents. Les phobies des oiseaux, chiens, chats et chevaux sont aussi très répandues. Les émotions qui sont liées à la zoophobie sont soit la crainte d'une attaque par l'animal redouté (morsure ou piqûre), soit un sentiment de dégoût et de répugnance. D'après les études comparant plusieurs cultures, il semble que ce sentiment de dégoût soit plus universel que la peur : par exemple, les Indiens ont moins peur que les Occidentaux des araignées, mais ils éprouvent le même dégoût.

22 En Occident, le handicap lié aux phobies des animaux est le plus souvent modéré, du moins en milieu urbain. Une certaine gêne peut malgré tout en découler, notamment pour la phobie des oiseaux (pigeons en particulier), qui entrave les déambulations des citadins, ou celle des insectes, qui les pousse à éviter la nature et les maisons de campagne !

L'histoire regorge de personnages phobiques célèbres : l'empereur romain Germanicus ne supportait pas les coqs, l'astronome Tycho Brahe avait peur des renards et des lièvres, Ambroise Paré s'évanouissait à la vue des anguilles, et Napoléon Bonaparte était phobique des chats, comme son vieil ennemi Wellington. Le poète Ronsard a même décrit en vers sa propre phobie des chats :

Homme ne vit qui tant haïsse au monde
Les chats que moy d'une haine profonde.

Je hay leurs yeux, leur front et leur regard.
En les voyant je m'enfuy d'autre part,
Tremblant de nerfs, de veines et de membres...

Cinéma et phobies

Les grands metteurs en scène ont toujours excellé dans l'art de manipuler les émotions. Deux films cultes en matière de phobies animales, *Les Oiseaux*, d'Alfred Hitchcock (1963), et *Les Dents de la mer*, de Steven Spielberg (1975), s'avèrent particulièrement instructifs sur l'art et la manière d'imposer insidieusement au spectateur une vision phobique du monde... Dans les deux films, on assiste peu à peu à une *réduction progressive du périmètre de sécurité* des humains face aux animaux : les oiseaux n'attaquent tout d'abord qu'à l'extérieur, puis agressent à l'intérieur même des maisons, des voitures ; quant au requin, sa première attaque a lieu de nuit au large, puis de jour tout au bord de la plage, et enfin sur des pontons (qu'il arrache) ou des bateaux (qu'il attaque). Plus aucun lieu n'est sûr en leur présence. Le spectateur est également amené à se convaincre de la *réalité et de la gravité du danger* lié aux animaux : de nombreuses scènes sont filmées en caméra subjective (avec les yeux de la bête) en présentant les humains comme des proies ; les animaux ont des capacités qu'on ne leur imaginait pas (le requin est intelligent, les oiseaux sont organisés) ; leur intentionnalité agressive est nettement mise en évidence (le requin cherche à se venger d'une attaque, les oiseaux, selon les mots d'un personnage, « ne sont pas là par hasard, ils sont *venus* ») ; les blessures sont réelles et atroces (membres arrachés ou yeux crevés) ; la menace est bien sûr extrême (le requin est un « blanc gigantesque », les oiseaux sont « innombrables »). Enfin, l'incompréhension et l'incrédulité initiales de l'entourage vis-à-vis des héros – les seuls à avoir conscience du danger – sont largement soulignées par les metteurs en scène. À déconseiller donc aux zoophobes... Sauf s'ils sont en psychothérapie !

Les phobies des animaux ont largement inspiré certains films.
Hitchcock, *Les Oiseaux*, coll. Christophe L.

Les phobies des éléments naturels

Comme pour les phobies des animaux, les sujets
phobiques d'éléments de l'environnement naturel
se retrouvent principalement chez les femmes (75 à
90 %). Sauf pour la phobie des hauteurs (acrophobie) qui ne touche qu'une petite majorité de femmes
(50 à 70 %). Dans cette catégorie de troubles, les
principaux éléments phobogènes sont les hauteurs
et le vide, l'eau, l'obscurité, les orages et le tonnerre… Le degré de handicap est variable selon les
contraintes sociales auxquelles le sujet est soumis :
un phobique des hauteurs est en général incapable
de s'approcher d'une fenêtre en étage, et encore

moins d'un balcon, mais aussi de faire du ski ou de la randonnée en montagne, de passer sur un pont, de voir un familier s'approcher d'une balustrade (phobie par procuration), etc. On évalue à environ 12 % de la population les personnes qui souffrent du vertige (mais la proportion de véritables acrophobiques est sans doute moindre).

La peur de l'eau, quant à elle, toucherait 2 à 5 % des enfants. Elle entraîne un certain handicap en matière de loisirs : piscines et bords de mer sont des lieux menaçants pour le sujet, qui évite les croisières en bateau et se montre parfois incapable de mettre sa tête sous l'eau lors d'un bain ou d'une douche.

Des personnages célèbres ont également souffert de phobies des éléments naturels : le grand empereur romain Auguste avait une peur panique du noir, et le philosophe anglais Francis Bacon était terrifié par les éclipses de lune.

Les phobies du sang et des blessures

Il est possible que l'ensemble des phobies gravitant autour du sang (peur de la vue du sang, des injections, des blessures, des interventions médico-chirurgicales, etc.) constitue une seule et même forme de phobie. Le stimulus visuel est le plus souvent en cause, mais ces patients sont aussi très sensibles aux odeurs associées : odeur du sang ou de l'hôpital, etc. Ils peuvent se trouver mal à la vue de leur propre sang, et, pour certaines femmes, de leurs menstruations.

Cette phobie spécifique très répandue (4 % de la population) présente des caractéristiques physiologiques qui la différencient nettement des autres : là où la plupart des stimuli phobiques provoquent une accélération du rythme cardiaque (tachycardie), et entraînent très rarement un évanouissement, contrairement aux craintes de certains patients, les phobies du sang et des injections s'accompagnent le plus souvent d'un ralentissement du rythme cardiaque (bradycardie) et conduisent fréquemment à une syncope (plus des trois quarts de ces sujets ont des antécédents de pertes de connaissance liées à la vue du sang, ou même seulement à son odeur). Cette bradycardie met d'ailleurs un certain temps à se développer, après une phase brève de tachycardie, et nécessite une confrontation au stimulus phobogène d'au moins dix à soixante secondes selon les cas. Les personnes souffrant de cette phobie ont donc en général le temps de sentir venir leur malaise, et de s'échapper ou de s'allonger, pour éviter une chute.

La prédominance féminine est moindre dans cette sous-catégorie de phobies : « seulement » 50 à 70 % de femmes en souffrent. Le handicap entraîné peut empêcher l'accès à certains métiers : médecin, infirmier, policier, militaire. Mais le problème principal réside sans doute dans les conduites d'évitement de nombreux soins ou examens médicaux, lesquelles peuvent conduire des patients à gravement négliger leur état de santé, en fuyant systématiquement les prises de sang, les vaccins, les opérations chirurgicales, et parfois même la fréquentation des hôpitaux ou des cabinets médicaux.

La phobie des soins dentaires est apparentée à celle du sang et des blessures. Là aussi, les conduites d'évitement aboutissent hélas à des conséquences néfastes pour la santé du sujet.

Les phobies situationnelles

Ce groupe de phobies spécifiques réunit principalement les phobies des moyens de transport (avion, train, voiture…) et celles des lieux clos (claustrophobie). Il s'agit d'un ensemble hétérogène, et qui inclut probablement des patients assez différents les uns des autres. Cette diversité a par exemple été vérifiée dans une étude conduite auprès de quatre cent dix-neuf *phobiques du vol aérien* (cette phobie toucherait 8 à 11 % des personnes). Les personnes qui ont peur de l'avion semblent se répartir en trois groupes distincts, aux caractéristiques bien différenciées :

– une première catégorie réunit les patients qui redoutent de «se trouver en l'air, suspendus dans le vide». Ils ne présentent pas durant un vol de crises d'angoisse suraiguës (dites attaques de panique), mais se sentent très anxieux avant et pendant tout le trajet. Le plus souvent, ils sont quand même capables de prendre l'avion chaque fois que nécessaire ;

– un deuxième groupe rassemble des patients dits «paniqueurs», à haut niveau d'anxiété* et qui, se sentant coincés dans l'habitacle, redoutent de perdre le contrôle d'eux-mêmes au cours d'une crise d'angoisse aiguë. Ils font en général tout pour ne pas se retrouver dans un avion ;

– une troisième catégorie regroupe les sujets qui

Dans sa chanson *Peur de l'avion*, le chanteur Francis Cabrel met en musique les inquiétudes d'un aérodromophobe :

Tous les bruits sont bizarres,
Toutes les odeurs suspectes
Même couché dans le couloir
Je veux qu'on me respecte…
J'aimerais faire comme tout le monde
Trouver ça naturel
D'être expulsé d'une fronde
Jusqu'au milieu du ciel…
Rien à faire, rien à faire,
J'ai peur de l'avion…

redoutent de se retrouver face aux autres passagers, et chez lesquels la dimension d'anxiété sociale est importante : c'est d'être entassés dans un avion et soumis au regard des autres passagers lorsqu'ils marchent dans le couloir qui les angoisse. Ces personnes essayent d'être assises près d'un hublot, de ne pas avoir à se lever pendant le vol, et fuient, à peine installées, dans un livre passionnant ou un sommeil réparateur.

Autre phobie situationnelle, la claustrophobie toucherait entre 4 et 13 % des personnes. Les patients claustrophobes redoutent en général l'asphyxie, par écrasement dans des lieux surpeuplés (comme les files d'attente de concerts ou les transports en commun aux heures de pointe), ou par manque d'oxygène (comme dans une cabine d'ascenseur bloquée, ou un métro immobilisé entre deux stations). Notons que cette crainte est partagée par un certain nombre de sujets non phobiques : beaucoup de personnes ont tendance à surestimer leurs besoins en oxygène dans une pièce close (en fait, on peut survivre plusieurs jours dans un espace non ventilé avant d'en épuiser les réserves en oxygène…). Lors de l'ouverture du tunnel sous la Manche, les journaux populaires anglais avaient fait état de statistiques témoignant de la grande fréquence du phénomène : selon eux, six Anglaises sur dix ressentaient de l'anxiété à l'idée de voyager sous la mer.

Signalons tout de suite que beaucoup de phobiques des transports ou de claustrophobes sont en fait des sujets paniqueurs, tels que nous allons bientôt les décrire.

Les autres types de phobies

Cette dernière famille, très hétéroclite, regroupe en fait toutes les phobies qui n'ont pas trouvé de place dans les catégories précédentes. La phobie de l'étouffement en est une forme relativement répandue : les individus sujets à cette aversion ne supportent pas d'avaler des aliments autres que semi-liquides, ou seulement par toutes petites bouchées longuement mâchées ; ils ne tolèrent pas d'objets durs dans leur bouche (brosses à dents et soins dentaires, comprimés et gélules…), ne peuvent porter de cols serrés et sont très angoissés à la moindre angine ou infection ORL.

On retrouve également dans ce groupe la phobie de la marche qui touche des personnes âgées peu autonomes, lesquelles redoutent les conséquences d'une chute. Mais la phobie de la glissade touche aussi des sujets jeunes : en témoigne le cas d'une patiente qui ne pouvait mettre de chaussettes ou de

29

collants de peur d'une mauvaise adhérence dans ses chaussures.

Certaines de ces phobies particulières, relativement rares, peuvent être rattachées à d'autres familles de phobies : c'est le cas de la phobie du vomissement – le malade a peur de vomir en public après avoir mangé, et évite de s'alimenter lorsqu'il sait être amené à rencontrer des inconnus –, qui est le plus souvent une phobie sociale, tout comme la phobie d'aller aux toilettes à proximité d'autres personnes (WC publics ou chez des amis).

D'autres phobies sont encore plus atypiques, comme les phobies des poupées, de la neige, des fleurs… Leur rareté relative les rend encore mal connues, et on peut penser qu'il ne s'agit pas de «vraies» phobies, mais de signes d'autres troubles mentaux, comme la schizophrénie* ou la personnalité *borderline**. Les manifestations phobiques sont alors accompagnées d'autres symptômes, et nécessitent un traitement différent de celui des phobies spécifiques.

Les phobies spécifiques sont-elles des maladies ?

Les phobies spécifiques n'entraînent la plupart du temps qu'un handicap limité : les évitements qu'elles imposent aux personnes qui en souffrent n'empêchent pas le plus souvent une vie quasi normale. C'est pourquoi ces phobiques viennent assez rarement consulter les psychiatres ou les psychologues.

Le plus souvent, la demande de consultation découle d'un changement qui perturbe l'aménagement du mode de vie de la personne phobique : tel cadre, phobique de l'avion, qui faisait jusque-là ses trajets en voiture ou en train, se voit proposer une promotion nationale qui impose de fréquents déplacements sur des lignes aériennes ; telle jeune femme, phobique du sang, qui fuyait piqûres et prélèvements, a rencontré l'homme de sa vie et veut avoir un enfant, d'où la nécessité d'examens médicaux ; telle personne, phobique des pigeons, vient de déménager, et découvre que la rue où elle va habiter est infestée de ces volatiles, attirés par les personnes âgées du quartier qui les nourrissent...

Le trouble panique avec agoraphobie

Voici une phobie dont la connaissance a profondément évolué ces dernières années. Elle fut décrite dès 1872 par le neurologue allemand Carl Westphal, dont certains patients éprouvaient les pires difficultés à accéder à son cabinet parce qu'ils devaient, pour ce faire, traverser une vaste place publique, la Döhnhofsplatz à Berlin. Longtemps, on a défini l'agoraphobie comme la peur des espaces découverts ou remplis de monde (par référence à l'*agora* – «place publique» – des Grecs de l'Antiquité). Puis, on s'est aperçu que les personnes agoraphobes souffraient plus précisément encore de la crainte de ressentir un malaise, crainte effectivement aggravée dans certains lieux publics. Cette angoisse peut être très intense, et aboutir à de véritables attaques de panique ; il semble alors que la phobie porte plutôt sur la survenue de ces attaques de panique que sur tel ou tel lieu particulier. On parle donc aujourd'hui d'agoraphobie avec trouble panique.

Pour bien comprendre cette affection, il faut l'ima-

Manifestation	Description
Attaque de panique	Crise d'angoisse aiguë très brutale et très intense, associée à de nombreux signes physiques
Trouble panique	Répétition d'attaques de panique et peur de leur survenue
Agoraphobie	Restrictions dans les sorties et les déplacements, liées à la peur de voir survenir des attaques de panique

Les composantes de l'agoraphobie avec trouble panique

giner comme un système de poupées gigognes, où s'emboîteraient les manifestations que nous allons décrire : l'attaque de panique, le trouble panique, l'agoraphobie.

L'attaque de panique

33

Il s'agit d'une crise d'angoisse aiguë, d'apparition brutale, et dont l'intensité maximale est atteinte en quelques minutes. Elle s'accompagne de nombreuses manifestations physiques, telles que palpitations et tachycardie, sensation d'oppression ou d'étouffement, frissons ou bouffées de chaleur, vertiges et sensation d'instabilité, etc. Parfois ces symptômes sont associés à un sentiment de dépersonnalisation ou de déréalisation : la personne a l'impression que ce qui lui arrive est irréel ou qu'elle en est le témoin extérieur, comme si elle était sortie d'elle-même et se regardait aller mal. Durant l'attaque de panique, le sujet a le sentiment qu'il risque de mourir, de devenir fou ou de perdre le contrôle de lui-même (se ridiculiser en public, se jeter par une fenêtre, provoquer un accident de voiture…).

Il existe plusieurs types d'attaques de panique en fonction de leurs contextes de survenue :
– les crises *inattendues*, c'est-à-dire non associées à une situation précise. C'est le cas par exemple des attaques nocturnes, qui réveillent le sujet, ou de celles qui surviennent alors qu'il est dans un endroit habituellement sécurisant, comme son domicile ;
– celles qui sont *facilitées*, lesquelles se déclenchent dans certaines situations (mais pas toujours). Par exemple, au volant d'une voiture, ou en faisant des courses ;
– les crises *conditionnées*, qui surviennent presque systématiquement dans une situation donnée : en faisant la queue dans un lieu chauffé, bruyant et agité, ou dans un endroit fermé d'où l'on ne peut s'échapper en cas de malaise (avion, train, repas guindé…).

34

Dans son récit autobiographique *Voyage au bout de l'angoisse*, la journaliste Pascale Leroy raconte avec humour et précision le trouble panique dont elle a souffert :
« Rien n'a changé, sauf que je suis maintenant habitée par la certitude que "ça" peut revenir et me terrasser à tout instant. La première fois, le malaise m'avait surprise ; dorénavant, je le guette, l'attends… »
« Et c'est revenu. Dans la rue, toujours. Avec toujours les mêmes sensations, les mêmes impressions. Je me sens "partir" comme si je perdais contact avec le monde. Une force d'une violence inouïe m'emporte ailleurs. L'énervement me gagne, je me crispe, me raidis, mon corps se tétanise, j'ai chaud et froid tout à la fois, je transpire et je tremble, je me sens vidée de toute mon énergie. Mon cœur bat à une cadence affolante… »
« Les Américains parlent d'attaque de panique. Ils ont raison : il s'agit bien d'une attaque en règle, et je suis seule face à un adversaire puissant et rapide qui ne me laisse aucun répit, aucune chance de m'en sortir… »

Les attaques de panique isolées sont relativement fréquentes ; plusieurs études affirment que 10 à 30 % des personnes feront durant leur vie au moins une telle crise. Certaines seront sans lendemain. Mais d'autres évolueront de façon indépendante vers un trouble panique. On retrouve également des attaques de panique dans la plupart des pathologies psychiatriques, comme les dépressions et les autres phobies.

Le trouble panique

Lorsque les attaques de panique se répètent, elles prennent la forme d'une affection particulièrement invalidante, le trouble panique. En raison du caractère très pénible des attaques de panique, les personnes qui en souffrent redoutent par-dessus tout leur survenue, et craignent leurs conséquences (selon elles, la mort ou la folie). Bon nombre d'entre elles sont persuadées de souffrir d'une maladie organique que les médecins seraient incapables de diagnostiquer, et multiplient les examens médicaux ainsi que les consultations auprès de spécialistes. D'autres en viennent à modifier considérablement leur mode de vie, et renoncent à certaines activités (sorties, déplacements professionnels…) qui pourraient les exposer à des crises de panique.

Dans le trouble panique, la fréquence et l'intensité des attaques peuvent varier considérablement d'une personne à l'autre, et aussi d'une période à l'autre : tous les intermédiaires existent entre les attaques quotidiennes et intenses, survenant en général en début de trouble, et les attaques épisodiques et incomplètes, durant lesquelles le patient ressent juste les signes précurseurs des crises et arrive souvent à les empêcher de se développer en prenant la fuite. Ces différences d'intensité s'expliquent souvent par les aménagements de la vie quotidienne des malades : chez ceux qui évitent beaucoup de situations «à risque», les attaques paraissent moins nombreuses; mais c'est au prix de renoncements multiples, ou de l'utilisation permanente de tranquillisants (qui rendent les crises moins intenses, mais entraînent une relative dépendance).

On considère aujourd'hui que le mécanisme central du trouble panique est la lecture catastrophisante de sensations corporelles anodines : le sujet interprète certaines manifestations physiologiques qui apparaîtraient banales à d'autres (une palpitation cardiaque isolée, un léger vertige, une gêne respiratoire ou un besoin de soupirer...) comme les prémices incontrôlables d'une attaque de panique. Cette interprétation faussée de sensations corporelles fugaces et bénignes angoisse le sujet, et cette angoisse, qui maintient et aggrave les sensations premières (lesquelles auraient sinon spontanément disparu), s'auto-entretient et s'accroît. C'est ce que l'on appelle la «spirale panique». En ce sens, le trouble panique représente une forme de phobie très intéressante, aussi appelée «intéroceptive*», c'est-à-dire centrée sur les manifestations corporelles : il s'agit d'une véritable phobie de ses propres sensations. Cette pathologie affecterait 1 à 2 % de la population. Notons que le trouble panique est sans doute universel. On en retrouve par exemple une description assez exacte dans des études psychiatriques japonaises, comme symptôme d'une affection nommée «Shinkeishitsu», décrite au début du siècle par le psychiatre Shoma Morita : «Plus nous nous concentrons sur une sensation, plus elle devient intense, et plus notre attention se focalise sur elle… On est alors aussitôt dominé par la frayeur, conscient ou non de l'état psychologique qui a précédé et suivi le stimulus… En cas de crises répétées, le malade devient progressivement victime de la peur dans la vie quotidienne – son attention est toujours focalisée sur elle –, la puissance et la fréquence des crises devenant croissantes… »

De nombreux personnages célèbres ont vraisemblablement été atteints d'agoraphobie et de trouble panique, parmi lesquels Charles Darwin. Le père de la théorie de l'évolution des espèces aurait souffert, à partir de sa vingt-huitième année, de crises d'angoisse, de palpitations, de vertiges l'ayant conduit à une existence très sédentaire, après qu'il eut parcouru le globe, de l'Amérique du Sud aux Galápagos, pour y étudier les conditions de vie de nombreuses espèces animales et végétales. Sans les contraintes liées à son handicap, Darwin aurait-il rédigé son célèbre et controversé traité *De l'origine des espèces par voie de sélection naturelle*?

L'agoraphobie

Bon nombre de sujets paniqueurs évoluent logiquement vers l'agoraphobie. On définit aujourd'hui cette pathologie comme la phobie de se retrouver dans des endroits où la survenue d'une attaque de panique serait problématique : soit parce qu'il serait difficile ou socialement gênant de s'en échapper (au milieu d'une rangée de cinéma, ou assis à une table en présence de nombreux invités), soit parce qu'on pourrait ne pas être secouru si le malaise redouté s'avérait grave (être dans des endroits éloignés ou isolés).

Les situations redoutées par la personne agoraphobe sont donc très nombreuses : être seul chez soi, dans une file d'attente, se retrouver coincé dans un avion qui ne décolle pas ou une rame de métro immobilisée entre deux stations…

Certaines personnes agoraphobes, à force d'évitements, parviennent à ne plus ressentir d'attaques de panique : leur trouble n'est alors plus au premier plan, mais il ne s'agit bien sûr que d'une rémission trompeuse. Le coût en est très lourd : pour éviter d'être à nouveau frappé par une attaque, le malade doit renoncer à une foule d'activités quotidiennes (courses, invitations, promenades spontanées…).

Type de peur	% de patients agoraphobes présentant cette peur
conduite automobile	54
grands magasins	43
solitude	37
Foule	34
s'éloigner de son domicile	34
restaurants	34
ascenseurs	29
enfermement	23
ponts, tunnels	20
transports en commun	17
avion	14
espaces découverts	6

Principales peurs rapportées par des patients agoraphobes

Une fois déclarée, l'agoraphobie devient vite chronique : nous voyons souvent des patients qui vivent avec ce handicap depuis des dizaines d'années… Elle est parfois associée à une personnalité dépendante*, marquée par le besoin d'être pris en charge par autrui, conseillé dans les décisions importantes, déchargé de ses responsabilités, etc.

Ces traits de personnalité préexistent-ils à l'agoraphobie ou en sont-ils la conséquence ? On ne le sait pas encore avec certitude. Certains sujets paniqueurs n'évoluent pas vers l'agoraphobie : s'agit-il de ceux dont la personnalité est relativement autonome et forte ? Ou de ceux chez qui les attaques de panique ne sont pas trop violentes dès le départ ?

Une phobie très handicapante

Le handicap entraîné par le trouble panique, surtout si une agoraphobie le complique, est considérable. On retrouve d'ailleurs chez les personnes qui en souffrent une fréquence très élevée de pathologies associées comme la dépression, l'alcoolisme, les tentatives de suicide. Le handicap social est lui aussi majeur : beaucoup de malades ne peuvent plus continuer à travailler ou à mener une vie sociale dans des conditions normales.

L'agoraphobie avec trouble panique a sans doute toujours existé, mais on peut se demander si le trouble n'est pas plus handicapant aujourd'hui qu'il ne l'était autrefois : notre mode de vie moderne nécessite en effet des déplacements très fréquents (prendre sa voiture ou les transports en commun pour se rendre à son lieu de travail ou faire des courses, prendre l'avion ou le train pour partir en vacances) et suppose, du moins pour tous les citadins, des confrontations quotidiennes à la foule et aux rassemblements humains.

Trop souvent encore, les paniqueurs ne sont pas diagnostiqués et traités correctement. Ils peuvent se faire prescrire pendant des années, sous prétexte de spasmophilie*, du calcium, du magnésium, des psychothérapies inadaptées à leurs besoins. On a montré qu'ils « consommaient » des soins et des examens médicaux en grande quantité et en pure perte. Ces patients se sentent cependant mal compris du corps médical, qui les perçoit au mieux comme des « anxieux hypocondriaques », et au pire comme des « casse-pieds cénestopathes » (étymologiquement, malades de leurs sensations).

Murnau, *Nosferatu*, coll. Christophe L.

Comment les agoraphobes voient le monde

Les patients agoraphobes se sentent particulièrement angoissés à l'idée de se trouver seuls et loin de chez eux. Ils tendent à percevoir toute sortie comme une plongée dans un univers hostile et menaçant.

Les phobies sociales

Comment éviter ses semblables, alors que l'on ne peut se passer d'eux ? Le drame de la phobie sociale réside dans cette interrogation. Les phobies que nous venons d'aborder – les phobies spécifiques ou même le trouble panique avec agoraphobie – n'empêchent pas des moments de bien-être, à condition d'éviter d'être confronté à ses peurs. Mais ces instants de détente sont quasiment inexistants dans le cas de la phobie sociale : tout contact humain peut s'avérer angoissant, et l'absence de ces mêmes contacts conduit très vite à un appauvrissement majeur de l'existence. Comme le soulignait l'un de nos patients atteint de ce trouble : « Quand je suis avec les autres, j'ai peur, et quand je suis seul, je déprime… »

L'anxiété sociale

La plupart des personnes ont déjà ressenti de la gêne lors de certaines situations sociales (prises de parole en public, ou rencontres avec des inconnus impressionnants), et ce que l'on nomme « anxiété sociale » est sans doute une émotion universelle.

Type de situation redoutée	Exemples
Situations de performance	Passer un examen ou un entretien d'évaluation, faire un exposé ou une conférence
Situations d'interactions	Parler avec autrui de manière informelle, superficielle (échange de banalités) ou approfondie, implicante (révélation de soi)
Situations d'affirmation	Défendre ses droits, donner son point de vue, exprimer ses besoins
Situations d'observation	Être regardé (ou se croire regardé) pendant que l'on accomplit quelque chose, ou même sans rien faire de précis

Situations d'anxiété sociale

Cette anxiété se définit par :

– un sentiment d'inconfort dans les situations sociales, pouvant aller de la simple gêne à l'attaque de panique ;

– une crainte exagérée du regard et du jugement d'autrui sur son comportement ;

– une tendance à se focaliser sur soi (ce que l'on pense et ce que l'on ressent) et non sur la situation sociale dans laquelle on se trouve.

Les situations sociales sources d'anxiété sont bien évidemment infinies, mais on peut les regrouper en quatre grandes catégories (cf. tableau). On a pu dire, à juste titre, que l'anxiété sociale était avant tout une anxiété d'évaluation : l'individu redoute d'être jugé à chaque instant de la journée, même si ce n'est pas le cas.

L'anxiété sociale est quasiment normale à certaines périodes de l'enfance : tous les enfants de huit mois se mettent à pleurer dans les bras d'adultes non

familiers, et un certain nombre d'entre eux garde-
ront pendant quelques années encore une timidité
en présence d'adultes ou d'enfants inconnus.
Cependant, si un enfant de cinq ans pleure dès
qu'on le confie à d'autres adultes, ou redoute tous
les autres enfants du bac à sable, il ne s'agit plus
d'une anxiété sociale normale.

La timidité

La timidité est difficile à cerner, car on en compte
plus d'une vingtaine de définitions scientifiques. On
regroupe en général sous cette appellation une façon
d'être habituelle, dominée par une inhibition et une
réserve face aux personnes inconnues ou aux situations nouvelles. Pour le timide, toutes les «premières
fois» sont difficiles : nouvelles connaissances, nouveau travail, nouveau quartier… Mais, avec le temps
et la répétition des contacts, les appréhensions diminuent peu à peu, et la personne timide retrouve un
minimum d'aisance et de capacité à communiquer.
Ce trait de caractère a été très largement décrit par
les écrivains avant d'être étudié par les psychologues
et les psychiatres. Bien qu'elle soit souvent considérée comme un trouble bénin, la timidité, cet art des
occasions ratées, peut néanmoins représenter un
handicap pour de nombreuses personnes, et une
altération de la qualité de vie. Comme le rappelait
Montesquieu, qui en était atteint : «La timidité a été
le fléau de ma vie.»
Beaucoup de personnes se déclarent timides (environ 60 % des Français, selon divers sondages grand
public). Mais derrière ce mot coexistent des réalités

43

très différentes : des timidités occasionnelles, survenant seulement face à des interlocuteurs impressionnants, et des timidités habituelles, face à la
plupart des gens. Des timidités «internes», imper-
ceptibles de l'extérieur et seulement ressenties par
le sujet lui-même, et des timidités «externes», associées à de nombreux signes objectifs – mais pas forcément remarqués par l'entourage – de gêne
(rougissements, bégaiements, etc.).

On peut considérer qu'il existe trois dimensions
principales à la timidité :

– une dimension émotionnelle, à expression souvent physiologique (accélération du rythme cardiaque, bouche sèche, rougissements…) ;

– une dimension comportementale d'inhibition en
situation sociale (le timide ne prend pas d'initiatives, attend que l'on vienne vers lui…) ;

– une dimension psychologique, principalement
marquée par le sentiment permanent d'être jugé
par autrui.

On retrouve de façon quasi systématique chez les
personnes timides un manque d'estime de soi – le
timide se juge assez négativement, se compare défa-
vorablement aux autres… – qui les rend particulièrement sensibles aux échecs ou aux critiques, et les
pousse à prendre le minimum de risques possibles,
limitant donc leur capacité à changer.

Tous les degrés de timidité existent. Les formes
légères sont les plus nombreuses, et on estime à 90 %
les personnes qui ressentent occasionnellement de
l'anxiété sociale. Mais à partir de quand une timidité
devient-elle pathologique ? Soit lorsqu'elle entraîne
des crises anxieuses très violentes et éprouvantes, soit

lorsqu'elle pousse la personne timide à fuir et à éviter de nombreuses situations ; c'est ce que décrivait le poète Pablo Neruda : «La timidité est une condition étrange du cœur, une dimension qui débouche sur la solitude.» Soit enfin quand elle entraîne une vulnérabilité relationnelle importante : le sujet timide a souvent du mal à défendre ses intérêts. Comme le soulignait Beaumarchais : «L'homme que l'on sait timide est dans la dépendance de tous les fripons.» Beaucoup de personnes timides souffrent ainsi de ce que l'on nomme un déficit d'affirmation de soi : elles ont du mal à dire non, à faire une réclamation, à défendre leurs points de vue, etc. Dans toutes ses formes extrêmes, cette incapacité à être soi-même auprès des autres représente un handicap. Pour ces timidités majeures se pose la question du diagnostic de phobie sociale.

45

Les phobies sociales

La phobie sociale se définit comme une anxiété sociale intense et invalidante : la personne qui en est atteinte redoute de révéler à ses observateurs ou interlocuteurs sa vulnérabilité (en rougissant, tremblant, transpirant) ou ses limites (en ne se montrant pas assez intelligente ou cultivée).
De ce fait, les situations sociales dans lesquelles l'individu se sent vulnérable sont à l'origine d'une grande souffrance, et le plus souvent évitées, au prix de nombreux problèmes relationnels privés ou professionnels. Sortir faire des courses peut s'avérer paniquant, et la recherche d'un emploi devenir une

Timidité	Phobie sociale
Mécanismes d'habituation* fréquents (au fur et à mesure des rencontres avec la personne ou la situation, l'anxiété diminue)	Mécanismes de sensibilisation* fréquents (au fur et à mesure des rencontres avec la personne ou la situation, l'anxiété augmente)
La personne se soucie épisodiquement de son inhibition	La personne est obsédée par sa vulnérabilité
Peur d'être laissé à l'écart	Peur d'être agressé
L'anxiété atteint rarement la panique	L'anxiété atteint fréquemment la panique
Évitements limités (et anxiété de confrontation modérée)	Évitements fréquents (et anxiété de confrontation très importante)
La personne est perçue par l'entourage comme timide et émotive	La personne est perçue par l'entourage comme distante ou bizarre
Sentiment de tristesse après les performances sociales « ratées »	Sentiment de honte profonde après les performances sociales « ratées »

Les différences entre timidité et phobie sociale

46

mission impossible ; le chômage est d'ailleurs un drame pour les phobiques sociaux, le plus souvent incapables de franchir le parcours d'obstacles des entretiens d'embauche.

La gravité de la phobie sociale dépend, entre autres facteurs, de l'importance et du nombre des situations redoutées : s'il s'agit seulement de situations de performance – parler au sein d'un groupe ou accomplir une tâche en public –, le handicap reste modéré. Si les interactions quotidiennes avec ses semblables – bavarder ou faire connaissance – sont également sources d'angoisse, l'existence du phobique social s'appauvrit et se complique davantage. Si enfin les peurs sont liées au moindre regard sur soi (en passant devant une terrasse de café, ou en entrant dans une salle d'attente bondée), chaque journée devient un enfer.

On parle dans ce cas de phobie sociale *généralisée*. Cette pathologie se caractérise par le fait que la majorité des situations sociales sont anxiogènes pour le malade, même les plus anodines. Celui-ci se sent jugé, quoi qu'il fasse : qu'il soit assis en face de quelqu'un dans un transport en commun, qu'il bavarde avec un voisin, ou achète un article courant chez un commerçant. Les patients affectés par une phobie sociale généralisée ont souvent des personnalités dites « évitantes* » : ils sont hypersensibles au jugement d'autrui, ne s'impliquent dans les relations sociales que s'ils sont certains d'être acceptés, se perçoivent comme inférieurs aux autres… Ils ont souvent recours, pour cacher leur vulnérabilité émotionnelle, à des stratégies de dissimulation : se maquiller pour masquer un rougissement, se taire pour ne pas dire de bêtises, éviter les regards pour ne pas trahir sa gêne par une expression inquiète… D'autres phobies sociales sont dites *électives*, et concernent un nombre plus limité de situations, par exemple la prise de parole en public : on évalue à 10 % de la population générale les individus qui sont phobiques de la prise de parole en public. Ce chiffre augmente jusqu'à 30 % si on inclut les personnes qui en ont très peur mais estiment que cela n'a pas forcément entraîné de souffrance ou de handicaps majeurs dans leur existence. Il faut différencier ces phobies sociales électives du simple trac : la plupart des gens ressentent en effet une appréhension, parfois forte, avant de parler en public. Mais dès qu'ils commencent à parler, celle-ci se dissipe : l'anxiété est maximale avant l'action, puis chute rapidement, pour se muer finalement en un senti-

47

ment de soulagement une fois l'intervention terminée. Dans la phobie sociale, au contraire, le malaise persiste ou même s'accroît durant le temps de parole, et ne cesse à la fin de celui-ci que pour faire place à un sentiment de honte et d'échec.

Certaines formes de phobies sociales, enfin, sont dites de *combat* : les personnes qui en souffrent se confrontent, malgré leur angoisse, aux situations sociales qu'elles redoutent. De ce fait, ces patients peuvent exercer des responsabilités sociales élevées, et choisissent souvent de donner le change par de la froideur, ou une relative agressivité, lesquelles leur

Sempé, *Marcelin Caillou*, © éd. Gallimard/Denoël.

Surtout, ne pas rougir

L'éreutophobie est la peur obsédante de rougir devant les autres. Dans ses formes extrêmes, cette pathologie représente une forme très invalidante de phobie sociale.

permettent de tenir leur entourage à distance. Cette indifférence ou impassibilité à l'égard d'autrui n'est qu'apparente, car l'angoisse est bien présente, et son prix émotionnel est élevé ; certains travaux suggèrent par exemple que les personnes atteintes de ces phobies sociales confrontatives présentent un taux anormalement élevé de troubles cardiaques liés au stress.

Une maladie à part entière

Après avoir été longtemps confondues avec la timidité, ou avec l'agoraphobie (peur des lieux publics due à la crainte d'un malaise, et non à celle du regard d'autrui), les phobies sociales sont aujourd'hui considérées comme un trouble très fréquent et préoccupant : les études épidémiologiques* montrent que 2 à 4 % de la population générale en seraient atteints, ce chiffre pouvant grimper à 10 % si on prend en compte les formes d'anxiété sociale invalidantes. Beaucoup de phobiques sociaux souffrent également de dépression – conséquence sans doute de l'isolement social – et d'alcoolisme – car boire allège l'angoisse.

Comme les paniqueurs, les patients atteints de phobie sociale mettent beaucoup de temps avant d'être diagnostiqués et traités : il s'écoule en moyenne quinze ans entre le début des troubles et celui de la première prise en charge. En raison du coût individuel et collectif de la phobie sociale, une meilleure formation des médecins et des psychologues visant à connaître et à soigner cette maladie est aujourd'hui indispensable.

49

DOM

INOS

Comprendre et
soigner les
phobies

D'où viennent les phobies?

« La cause? Cause toujours... », aurait dit un jour le psychanalyste Jacques Lacan. Dans le domaine des phobies, cette réponse a de quoi tenter les chercheurs, tant nos connaissances paraissent incomplètes au regard de tout ce que nous ignorons encore. Des progrès importants ont cependant été accomplis ces dernières années, même si une théorie explicative et unitaire fait toujours défaut. Un certain nombre de modèles de compréhension des phobies (biologiques, comportementaux, génétiques, etc.) reposent aujourd'hui sur un ensemble assez solide de données scientifiques.

Les visions traditionnelles des phobies

Connues et décrites depuis toujours par les médecins et les écrivains, les phobies se sont vu attribuer des causes variées au cours des âges. Longtemps, elles furent interprétées comme des manifestations surnaturelles : possession démoniaque ou mise à l'épreuve par une divinité. À partir du XIXᵉ siècle, les psychiatres recherchèrent des explications médicales aux phobies (excitation neurologique, dégénérescence constitutionnelle…) voire morales (faiblesse de caractère, excès de masturbation…).

Très tôt cependant, des auteurs, comme Descartes, ont souligné le rôle des événements traumatisants dans le déclenchement des phobies : «Il est aisé de penser que les étranges aversions de quelques-uns qui les empêchent de souffrir l'odeur des roses, ou la présence d'un chat, ou choses semblables, ne viennent que de ce qu'au commencement de leur vie ils ont été fort offensés par quelques pareils objets […]. L'odeur des roses peut avoir causé un grand mal à la tête à un enfant lorsqu'il était encore au berceau, ou bien un chat le peut avoir fort épouvanté, sans que personne y ait pris garde ni qu'il en ait eu après aucune mémoire, bien que l'idée de l'aversion qu'il avait alors pour ces roses ou pour ce chat demeure imprimée en son cerveau jusqu'à la fin de sa vie.» Nous verrons que cette notion de conditionnement* traumatique sera reprise par les comportementalistes du XXᵉ siècle.

53

Freud et les phobies

Pour les psychanalystes, les phobies ne sont que les symptômes apparents d'un conflit inconscient, et le résultat de mécanismes de défense destinés à protéger le Moi. Dans l'exemple célèbre du petit Hans, garçonnet de cinq ans phobique des chevaux, Freud faisait l'hypothèse que ce dernier vivait une rivalité œdipienne angoissante avec son père : trop pénible à vivre consciemment, cette angoisse était l'objet d'un refoulement dans l'inconscient. Puis, pour plus d'efficacité défensive, un second mécanisme intervenait : un déplacement de l'objet de l'angoisse, du père vers les chevaux, qui permettait une relative extériorisation du conflit œdipien… Car la peur d'être mordu par un cheval représentait pour Hans une menace moins redoutable que celle liée à l'angoisse de castration (crainte d'être puni par le père pour avoir voulu prendre sa place auprès de la mère).

Les «névroses phobiques», terme dont l'usage est aujourd'hui en déclin, étaient initialement appelées dans la terminologie psychanalytique «hystéries d'angoisse», ce qui en soulignait la nature sexuelle présumée. Selon les psychanalystes, les phobies seraient donc l'expression d'un conflit inconscient – qu'il faudrait d'abord résoudre pour prétendre faire disparaître les symptômes – et représenteraient aussi un rempart contre des peurs plus sévères (et à ce titre, ces symptômes devraient être «respectés» au risque de voir le sujet, débarrassé de sa phobie, décompenser* plus gravement encore). Bien que révolutionnaire à la fin du XIXe siècle, cette vision des phobies a vieilli, en partie à cause des maigres résultats des thérapies d'inspiration analytique dans les troubles phobiques,

Stradamus, *Chevaux Libres*, © Bulloz.

Le petit Hans, un des plus célèbres patients de Freud, souffrait d'une phobie des chevaux. Freud ne le rencontra en fait jamais, mais traita Hans à distance, en conseillant le père de l'enfant.

mais aussi du fait des résultats nets et durables (sans réapparition ni substitution de symptômes) des thérapies comportementales*, aux bases théoriques radicalement différentes.

L'apprentissage des phobies

Les travaux les plus intéressants sur les phobies se situent actuellement dans le champ des approches comportementales et cognitives. Elles postulent que, sur un terrain le plus souvent prédéterminé, les comportements phobiques sont appris et chronicisés au travers de différents conditionnements.

Trois types simples de conditionnement peuvent expliquer l'acquisition et le maintien d'une phobie :

– le conditionnement direct : un traumatisme est à l'origine de la phobie ;

– le conditionnement social : l'observation de modèles (souvent le modèle parental) facilite l'apparition de la phobie ;

– le conditionnement opérant : certains comportements (comme les évitements) chronicisent l'angoisse et les croyances phobiques.

Du choc affectif à la phobie

Le *conditionnement direct* (ou « répondant ») fut le premier étudié dans les phobies. Dans un certain nombre de cas, on retrouve effectivement un événement traumatisant qui inaugure un véritable conditionnement phobique. Au cours d'une expérience assez critiquable d'un point de vue éthique, le psychologue américain John Broadus Watson, un des fondateurs de la psychologie scientifique*, avait ainsi rendu en 1920 un petit garçon phobique des rats blancs, puis de tous les objets blancs pelucheux (peluches, coton...) en associant leur présentation à l'enfant à un bruit violent.

Plusieurs travaux ont aussi suspecté le rôle déclencheur d'expériences traumatiques chez certains phobiques de la conduite automobile (après un accident), des soins dentaires (après des interventions douloureuses), des chiens (après une morsure), etc. Plus récemment, des antécédents d'asphyxie (débuts de noyade ou d'étouffement par sac plastique chez des enfants) ont été retrouvés chez 20 % des cent soixante-seize patients paniqueurs d'une étude.

Mais dans beaucoup de cas – notamment dans les phobies des araignées, des serpents, de l'eau –, de tels conditionnements traumatiques initiaux ne peuvent être mis en évidence : nombre de ces phobiques n'ont jamais été mordus par un animal ou submergés par l'eau. Cependant, un conditionnement phobique peut aussi s'accomplir à la faveur d'une série de traumatismes mineurs : c'est l'effet dit de « sommation ». On sait, par exemple, que des animaux qui ont subi de petits chocs électriques dans une cage présentent à la vue de cette cage des manifestations de peur aussi intenses que d'autres animaux qui ont subi un seul choc, mais de forte intensité. Il est possible que certaines phobies sociales puissent ainsi se développer, chez des sujets prédisposés, à partir de situations relationnelles discrètement mais répétitivement anxiogènes : ainsi, des patients sociophobes racontent

57

souvent comment ils ont été des enfants marginalisés, humiliés, voire martyrisés par leurs pairs à l'école ; ou comment leur père ou leur mère les dévalorisait régulièrement.

Devenir phobique par observation

Bien que cohérent, le modèle de l'acquisition d'une phobie par conditionnement répondant ne parvient pas à rendre compte de la majorité des cas rencontrés. D'autres facteurs vont alors expliquer la survenue d'une phobie, parmi lesquels *l'apprentissage social* : l'observation des modèles, notamment parentaux, joue un rôle important dans la transmission des peurs et des appréhensions. Un travail portant sur vingt-deux petites filles arachnophobes et leurs parents a permis par exemple de montrer que le dégoût des araignées était beaucoup plus fréquent chez les mères de fillettes phobiques que chez celles de fillettes non phobiques d'un groupe contrôle. Le rôle de la mère semble prépondérant : on a pu montrer que ce sont principalement les peurs maternelles qui induisent les peurs infantiles. En outre, plus ces peurs sont ouvertement exprimées par la mère devant l'enfant, plus elles seront importantes chez ce dernier.

Plus largement encore, certaines peurs sont alimentées par des phénomènes culturels. Ainsi, comment expliquer que la peur du loup soit toujours présente chez de petits Européens du XXe siècle, alors que les loups ont disparu de leur quotidien depuis longtemps ? Cela est sans doute davantage dû aux contes de fées qu'aux rencontres avec de vrais loups. De même, la phobie des serpents chez des citadins qui n'ont jamais rencontré de reptiles relève sans doute en partie d'une telle transmission culturelle.

Type de conditionnement	Mécanisme	Conséquences
Conditionnement direct (viscéral)	Un premier stimulus entraîne une réponse « viscérale » forte (émotions et sensations physiques désagréables). Par la suite, tous les stimuli apparentés déclencheront de manière réflexe les mêmes émotions désagréables (généralisation). « Le chien m'a mordu, et j'ai ressenti de la douleur et de la peur. Cette peur de la morsure par un chien donné se transformera en peur de tous les autres chiens. »	Peut expliquer l'apparition de certaines phobies (chiens, soins dentaires, phobies de la conduite après accidents de voiture).
Conditionnement opérant (comportemental)	Un comportement suivi de conséquences favorables tend à se reproduire. « En évitant les chiens, j'évite la peur. Mes évitements sont renforcés (récompensés), et vont donc continuer, laissant ma peur intacte (puisque je fuis tous les chiens, je ne peux pas vérifier que je peu d'entre eux mordent). »	Le plus puissant facteur de maintien des évitements phobiques (toutes formes de phobies confondues).
Conditionnement social « J'ai toujours vu ma mère trembler devant les chiens, et j'ai moi-même adopté ce comportement. »	On peut acquérir un comportement uniquement en observant des modèles (réels ou culturels).	À la fois impliqué dans l'origine et dans le maintien de certaines phobies (par exemple les phobies sociales).

Les mécanismes d'apprentissage des phobies

Nourrir sa phobie

Pourquoi une phobie dure-t-elle ? Une fois installée, elle persiste (et résiste à l'extinction) par le biais du *conditionnement opérant* : les comportementalistes ont depuis longtemps montré que si un comportement permet de diminuer une émotion désagréable, celui-ci va se trouver « renforcé », et aura tendance à être reproduit. Si fumer une cigarette calme votre anxiété, il est probable que vous aurez envie de répéter ce geste chaque fois que vous vous sentirez anxieux. Il en est de même pour les comportements d'échappement – par la fuite – ou d'évitement – par des stratégies anticipatoires de non-confrontation –, qui permettent de diminuer nettement l'angoisse, et vont se trouver ainsi « renforcés » à mesure qu'ils seront reproduits. La boucle est alors bouclée, et le trouble phobique se trouve irrémédiablement auto-entretenu, un peu à l'image d'une dépendance à l'alcool ou à une autre drogue. L'évitement soulage dans l'immédiat, mais maintient le patient dans une dépendance anxieuse à ses conduites de contournement : le phobique est en quelque sorte « accro » à la fuite...

Génétique et phobies

Les psychologues évolutionnistes ont émis l'hypo-thèse d'une influence de la sélection naturelle, dans l'espèce humaine, sur l'existence et la persistance des peurs et des phobies : la plupart des stimuli pho-biques concernent en effet des objets ou des situa-tions qui représentaient sans doute un éventuel

Imagerie Pellerin, Épinal, XIXe siècle, *Le Petit Chaperon rouge*, © J.-L. Charmet.

61

La peur du loup

Longtemps, l'Occident chrétien fut en guerre contre les loups, dans lesquels il voyait une incarnation du Diable : « Si le loup menace de bondir sur toi, tu saisis une pierre, il s'enfuit. Ta pierre, c'est le Christ. Si tu te réfugies dans le Christ, tu mets en fuite les loups, c'est-à-dire le Diable ; il ne pourra plus te faire peur. » Saint Ambroise, au IVe siècle.

danger pour nos lointains ancêtres, comme les animaux, le noir, les hauteurs, l'eau. Ces dangers n'ont plus guère de réalité dans notre environnement technologique, où la nature est en grande partie maîtrisée, mais nous en garderions en quelque sorte le souvenir, dans un inconscient biologique.

Les phobies appartiendraient donc au «patrimoine génétique» de notre espèce, dont elles auraient facilité la survie, en l'incitant à éviter des situations dangereuses (du moins à une époque donnée). C'est ce que l'on appelle des phobies «préparées» (par l'évolution), «prétechnologiques», ou «phylogénétiques» (relatives au développement de l'espèce). Ces phobies seraient assez faciles à déclencher chez la plupart des sujets, et plus résistantes à l'extinction, une fois en place.

Par opposition, les phobies comme celles de l'avion, de la conduite automobile, des armes sont dites «non préparées», «technologiques», ou «ontogénétiques» (relatives au développement de l'individu). Elles seraient acquises par apprentissage (expériences traumatiques) et seraient plus labiles que les précédentes.

Les preuves expérimentales qui corroborent cette théorie évolutionniste des phobies sont assez difficiles à mettre en œuvre, mais divers travaux chez l'animal semblent en confirmer la pertinence. Par exemple, des singes élevés en laboratoire ne manifestent aucune peur des serpents, jusqu'à ce qu'ils soient mis en contact avec d'autres singes de la même espèce, mais élevés en milieu naturel : après avoir observé que ces derniers refusent obstinément de s'approcher de la nourriture placée à côté d'un serpent, les singes de laboratoire se mettent à développer à leur tour une peur intense et durable des serpents. Attention, ce type d'apprentissage social ne se fait pas pour n'importe quelle peur ! On a pu apprendre à des singes la peur des serpents en leur montrant des bandes vidéo de singes effrayés par un reptile. Mais si, par un montage, on remplace les serpents par des fleurs sur la même vidéo, les singes ne développeront aucune peur des fleurs. Voilà pourquoi nous ne rencontrons aucun patient phobique des pantoufles ou des brosses à dents : la notion de danger potentiel, même minime, est nécessaire au développement d'une phobie.

Tous ces travaux concernent la transmission génétique d'une vulnérabilité phobique au niveau de l'espèce humaine. Sur le plan individuel, des études ont aussi permis de suspecter une transmission génétique familiale dans certaines phobies. Des expérimentations conduites auprès de jumelles semblent indiquer que la phobie sociale a une composante génétique importante. Une transmission génétique est également retrouvée dans la plupart des travaux sur les jumeaux mono ou dizygotes présentant un trouble panique. Une étude portant sur plus de deux mille jumelles semblait indiquer que les phobies spécifiques, notamment d'animaux, comportaient sans doute, elles aussi, une importante part génétique. Mais pour l'instant le modèle d'héritabilité n'est pas clair (gène simple à pénétrance incomplète ? ou transmission polygénique ?). De même, est-ce le trouble phobique lui-même, ou, plus probablement, un terrain anxieux prédisposant qui est transmis ? Dans tous les cas, le rôle de l'environnement reste déterminant, en entravant ou en facilitant l'expression du trouble.

Biologie des phobies

Nous n'en sommes qu'aux prémices de la compréhension biologique des phobies, et pourtant des pistes passionnantes se dessinent déjà.

Les plus anciennes concernent les personnes souffrant de trouble panique : on sait depuis plusieurs années qu'il est possible de déclencher chez elles une attaque de panique en utilisant des agents chimiques. Des perfusions de lactate de sodium induisent des attaques de panique chez 25 à 100 % (selon les études) des patients paniqueurs, et chez seulement 0 à 30 % de volontaires non paniqueurs. On

64

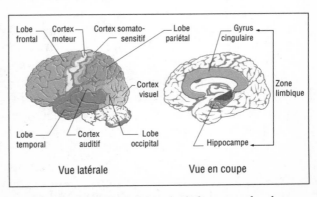

Les phobies sont enracinées dans la réalité biologique complexe de l'activité cérébrale.

retrouve le même type de résultats avec l'inhalation d'un gaz comme le dioxyde de carbone (CO_2), ou gaz carbonique, ce qui est logique, car les perfusions de lactate augmentent les taux sanguins de CO_2. Existerait-il chez les patients paniqueurs une hypersensibilité au CO_2, qui expliquerait notamment leur tendance à l'hyperventilation chronique (celle-ci ayant pour fonction de diminuer les taux de ce gaz dans le sang) ?

Les techniques d'imagerie cérébrale sont, elles aussi, en train de livrer les premières clés sur le fonctionnement du cerveau durant les crises d'angoisse. De nombreuses zones et fonctions cérébrales sont impliquées dans les phobies. En pratiquant un électroencéphalogramme chez des patients paniqueurs à qui on projette des images anxiogènes, on retrouve chez eux une activation frontale asymétrique, au niveau du lobe frontal droit – siège des circuits qui gèrent les conduites d'évitement et de fuite.

De même, quand on confronte des phobiques à l'objet de leurs craintes, il en résulte une augmentation très significative du débit sanguin au niveau de la zone limbique, siège des émotions. D'autres travaux semblent aussi indiquer une activation des aires corticales (notamment le cortex visuel) bien au-delà de cette zone limbique, largement impliquée dans les émotions anxieuses. Chez des phobiques des animaux (les sujets de l'étude étaient surtout des phobiques des araignées, des insectes ou des serpents), l'activation du cortex temporal antérieur (dit « somatosensitif ») semble indiquer la mise en jeu possible de sensations tac-

65

tiles associées à l'appréhension ressentie. Autrement dit, en s'approchant des animaux redoutés, le phobique les « voit » accourir vers lui, et les « sent » tactilement. Ces activations sensorielles confirment le rôle de l'imaginaire dans l'anxiété phobique.

Reconnaissons que, pour l'instant, ces études n'ont pas de conséquences directes sur l'amélioration des traitements. Mais cela viendra peut-être un jour : dans certains troubles anxieux, comme les troubles obsessionnels, des travaux ont déjà pu montrer les modifications du fonctionnement cérébral qui ont lieu sous psychothérapie comportementale.

Neuropsychologie des phobies

La peur a de grands yeux, dit un proverbe russe. Est-ce que les yeux des phobiques verraient des choses que les non-phobiques ne verraient pas ? C'est un peu ce que suggèrent certaines études sur les seuils de perception subliminale dans les phobies.

On sait en effet que les personnes phobiques sont hypervigilantes envers tout ce qui peut évoquer un stimulus phobogène, et disposent d'une capacité accrue à extraire ces informations anxiogènes de leur contexte : dans une pièce, un arachnophobe va repérer la moindre toile d'araignée beaucoup plus vite que tout le monde. Mais il semble que cette hypervigilance porte également sur des perceptions inconscientes : par exemple, en présentant à des phobiques de serpents des images de reptiles masquées très rapidement sur un écran par des images neutres (comme des fleurs), on s'aperçoit que leur réaction physiologique de stress (mesurée de façon objective par la conductance cutanée*) est équivalente à celle qu'ils présentent à la vue d'une image non masquée : leur cerveau a «vu» le serpent et lancé l'alarme, même si l'image du serpent n'a pas été consciemment perçue. Le même type d'expérience a été conduit auprès de phobiques sociaux : le stimulus subliminal utilisé était cette fois représenté par des visages humains manifestant des expressions faciales variées. Quand les expressions des visages subliminaux étaient hostiles, elles perturbaient la réponse des sujets au test sur écran, alors que les expressions neutres ou amicales ne les troublaient pas.

La plupart de ces travaux portent sur des stimulations visuelles, car on tend à penser que l'image est le plus fort déclencheur d'angoisse. Mais ce n'est peut-être pas si évident. Une amusante étude sur les arachnophobes a comparé les potentiels phobogènes d'un stimulus visuel (une image d'araignée) et d'un stimulus linguistique (le mot «araignée»). En fait, contre les attentes des chercheurs, c'est le mot plus que l'image qui engendre la perturbation la plus importante, ce qui confirme le rôle primordial des représentations mentales, c'est-à-dire de l'imagination, dans les phobies : il est probable que le mot «araignée», en l'absence d'autres informations, évoque immédiatement chez un phobique une araignée énorme, noire, velue, dotée de pattes musclées et griffues, vibrante et prête à sauter sur tout ce qui bouge… Bien plus terrifiant que n'importe quelle image d'arachnide sur un écran ! Ces résultats confirment ce que l'on sait du traitement de l'information chez les sujets anxieux, qui tendent à interpréter tout stimulus imprécis de façon menaçante, s'il appartient au champ de leur phobie.

Certains travaux ont permis de mettre en évidence l'effet bénéfique des psychothérapies adaptées sur ces perturbations attentionnelles* : on a pu montrer qu'après une séance de thérapie comportementale par exposition* les sujets phobiques étaient significativement moins perturbés par des stimuli phobogènes subliminaux.

L'arachnophobie

Face à la moindre araignée, les arachnophobes ont le sentiment incontrôlable de se trouver devant un animal menaçant et prêt à l'attaque.

J. Arnold, *L'Homme qui rétrécit*, coll. Christophe L.

On pourrait comparer cette capacité excessive des phobiques à détecter le moindre danger potentiel au système d'antivol de certaines voitures : si ce dernier est réglé de manière trop sensible, l'alarme se déclenchera au premier coup de pare-chocs du véhicule voisin, au lieu de ne se mettre en marche qu'en cas d'effraction. Les signaux d'alarme finiront donc par être inutiles (plus personne n'y prêtera attention), et même dérangeants pour l'entourage. Il en est de même pour l'anxiété phobique : elle se déclenche trop souvent, trop fort, pour des stimulations trop basses, et finit donc par irriter les personnes non phobiques.

Mieux comprendre les sources des phobies

Les travaux que nous venons d'évoquer montrent que la survenue d'une phobie n'est pas déterminée par une cause unique. Aujourd'hui, nous nous dirigeons de plus en plus vers un modèle dit « bio-psycho-social » de l'explication des phobies, lequel intègre les trois dimensions : biologique (il existe sans doute des prédispositions biologiques à devenir phobique), psychologique (l'expression de ces prédispositions peut être facilitée ou tempérée par des styles éducatifs, des événements de vie, des modèles environnementaux) et social (certaines cultures et sociétés pèsent elles aussi sur l'évolution des troubles : le phobique des serpents occidental souffre moins qu'autrefois, car les serpents disparaissent peu à peu de notre quotidien, mais son homologue paniqueur agoraphobe est quant à lui beaucoup plus handicapé par la vie dans une société où il faut faire des déplacements répétés).

Psychopathologie des phobies

« C'est seulement en haut, en approchant du sixième étage, qu'il eut le cœur serré en songeant au terme du trajet : là-haut, le pigeon l'attendait, la bête atroce. Il allait la trouver posée au fond du couloir, sur ses pattes rouges et crochues, entourée d'excréments et de duvet flottant alentour, elle serait là à l'attendre, avec son œil épouvantablement nu, et elle prendrait son essor en claquant des ailes et l'effleurerait, lui, Jonathan, impossible d'esquiver, dans le couloir exigu… »

Dans son roman *Le Pigeon*, l'écrivain allemand Patrick Süskind raconte l'histoire hallucinante d'un homme ordinaire d'une cinquantaine d'années soudain frappé d'une phobie des pigeons. Son récit souligne parfaitement à quel point les phobies nous sont proches – nos propres peurs nous aident à les comprendre – et combien elles peuvent pourtant engendrer des comportements qui nous paraissent déplacés et inquiétants (la phobie de Jonathan, le héros de Süskind, va le conduire à une désinsertion sociale et à des idées suicidaires, avant, fort heureusement, de disparaître aussi mystérieusement qu'elle était venue).

Les trois peurs du phobique

Il est fréquent que les personnes phobiques elles-mêmes comprennent mal leur affection et ses mécanismes : elles se perçoivent comme faibles et vulnérables, et entretiennent souvent une certaine honte, qui les pousse fréquemment à masquer leur trouble à leur entourage. En ce sens, il est nécessaire, pour mieux soigner ces patients, de leur fournir des explications qui leur permettent de retrouver un sentiment de compréhension et de contrôle de leurs symptômes. Parmi ces explications figure en bonne place le modèle dit «tridimensionnel». Celui-ci postule que l'anxiété se décompose en trois peurs :
– la peur psychologique, liée à un système de pensée particulier (anticipation et amplification des dangers supposés, et de leurs conséquences) ;
– la peur physique (émotions et sensations physiologiques ressenties) ;
– la peur comportementale (fuites et évitements).
Ces trois peurs sont en interaction constante : si je suis phobique, mon hypervigilance continuelle quant à mon environnement (peur psychologique) me met dans un état émotionnel de tension corporelle (peur physique) ; mes évitements des situations

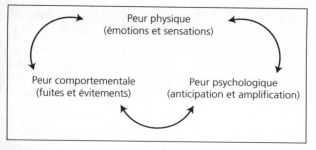

Les trois peurs phobiques

angoissantes (peur comportementale) maintiennent mes craintes pour les prochaines confrontations (peur psychologique), etc. Chacune de ces trois peurs va représenter une cible spécifique de la psychothérapie.

73

Les évitements phobiques : l'art de la fuite

En raison de la violence de l'anxiété ressentie, les patients phobiques ont tendance à fuir ou à éviter les situations phobogènes. Ils organisent leur vie quotidienne de façon à ne surtout pas risquer de se retrouver dans une situation qui pourrait les paniquer. Les évitements sont donc au cœur même de la phobie.

Ils peuvent être de deux types :

– les évitements situationnels : par exemple, ne pas traverser des places où il y a des pigeons, ne pas prendre la parole en public, ne pas prendre le métro. Pour justifier auprès de son entourage les contraintes qui découlent de ses comportements de fuite, la personne phobique fait souvent appel à des rationalisations («Je n'aime pas passer dans ce quartier car il est sinistre», «Je ne vais pas dans les soirées car rien d'intéressant ne s'y dit», «Il fait trop chaud dans le métro et ça sent mauvais»);

– les évitements «subtils» (intrasituationnels) : à moins d'accepter un très lourd handicap social, il n'est pas toujours facile d'éviter certaines situations. Aussi, beaucoup de patients phobiques s'y confrontent-ils, mais sous certaines conditions. Soit ils font en sorte que la confrontation soit incomplète : les phobiques sociaux ne regardent pas leurs interlocuteurs, ils essayent de penser à autre chose, de se faire oublier dans les situations sociales; les paniqueurs tentent de faire leurs courses à des heures creuses... Soit ils utilisent des stratégies dites «contraphobiques» pour affronter leurs peurs avec une aide : ils prennent des tranquillisants – ou ils en ont toujours dans leur poche –, ils se font accompagner par quelqu'un, etc.

Même s'ils amenuisent l'angoisse à court terme, ces évitements sont un des principaux moteurs des phobies, car ils maintiennent la peur intacte. De nombreux travaux ont démontré que tant qu'une personne évite ce qu'elle redoute, même de manière subtile, son anxiété ne peut diminuer sur le long terme. Par exemple, parmi les sujets paniqueurs, ceux qui sont agoraphobes (évitant de se trouver loin de leurs «bases de sécurité») sont aussi ceux qui seront les plus difficiles à soigner : leurs évitements chronicisent leur maladie. De même, on a pu montrer expérimentalement le rôle des évitements « subtils » : si on expose pendant environ une heure des patients zoophobes à leurs animaux anxiogènes (une tarentule, un python et un rat, tous dans des cages en verre à hauteur des yeux), et si, durant l'exposition, on leur offre une distraction, leur anxiété diminue paradoxalement moins au bout d'une heure que s'ils n'avaient pas été distraits. Autrement dit, l'évitement représenté par la distraction retarde l'habituation au stimulus phobique.

L'ensemble des évitements phobiques constitue donc la cible privilégiée du traitement comportemental par « exposition ».

Les pensées phobiques

Le système de pensée des personnes phobiques est très spécifique. Nous avons déjà parlé de leur « surcapacité » à déceler des stimulations subliminales (lorsque celles-ci sont reliées à leur phobie) et à être affectées par celles-ci. Mais il faut comprendre que cela s'inscrit dans une vision plus globale : la personne phobique se perçoit comme *vulnérable*, sans possibilité de contrôler ou *de faire face* à un stimulus qu'elle ressent comme systématiquement *menaçant*.

Rester sur ses gardes

En raison de cette vulnérabilité ressentie, le phobique se sent tenu d'être sur ses gardes face à un environnement d'où les dangers peuvent surgir à tout instant, au risque de s'épuiser par cette vigilance anxieuse et de déclencher de fausses alarmes. Des travaux ont montré dans la phobie une tendance à

interpréter les stimulations neutres de manière négative. Chez les phobiques sociaux par exemple : si on
leur demande de répondre à un questionnaire qui
leur décrit des situations «ambiguës» de toutes
sortes – c'est-à-dire laissant place à une interprétation personnelle, positive ou négative –, on
remarque que ces patients ne les interprètent négativement que s'il s'agit de situations sociales («des
amis invités à dîner chez vous partent plus tôt que
prévu») mais pas s'il s'agit de situations non sociales
(«vous recevez un courrier recommandé»). Les stimuli «ambigus» sont nombreux dans la vie quotidienne, et ils sont toujours interprétés négativement
par les phobiques : un animal immobile pour le zoo-
phobe (« Il va m'attaquer et se jeter sur moi sans
prévenir»), un sourire pour le phobique social (« Je
dois inspirer de la pitié ou du mépris»), une palpitation cardiaque un peu forte pour le paniqueur (« Ça
y est, cette fois-ci, c'est l'infarctus»).

La loi du tout ou rien

Les phobiques ont aussi tendance à percevoir les
événements de manière dichotomique, c'est-à-dire
à les répartir en deux – et seulement deux – catégories extrêmes : sécurité ou danger. Ils ont du mal
à introduire des nuances dans leur perception de
l'environnement phobogène. Par exemple, un phobique des chiens perçoit tous les chiens comme des
mordeurs potentiels, là où un non-phobique est
capable de faire la différence entre un chien agres-
sif – oreilles rabattues en arrière, crocs découverts,
grognements – et un chien non menaçant. Un paniqueur agoraphobe a de son côté du mal à se dire

que ses soudains battements de cœur ne sont peut-être dus qu'à une marche un peu rapide, ou à une prise excessive de café, et non à un infarctus du myocarde imminent. Un phobique social ayant bafouillé devant un supérieur hiérarchique voit dans cet événement une catastrophe professionnelle et sociale irréparable, et non un simple incident de parcours.

La spirale de l'angoisse

Ces pensées phobiques peuvent conduire dans certains cas, et chez les sujets prédisposés, à une véritable spirale panique : elles entraînent une activation anxieuse physiologique (palpitations cardiaques, sensations vertigineuses, petite oppression respiratoire et besoin de soupirer, ou tout autre signe physique). À ce moment, le phobique interprète ces signes comme une menace (« Il va m'arriver quelque chose »), ce qui augmente encore son anxiété première et aggrave les manifestations. Il se met alors à les surveiller attentivement : en se focalisant ainsi sur elles, il les perçoit encore plus clairement, ce qu'il interprète comme l'aggravation de ses symptômes (« Depuis tout à l'heure, je les ressens de plus en plus, pas de doute, ça s'est aggravé, c'est mauvais signe »), d'où une augmentation de l'angoisse, jusqu'à la panique.

Pris entre deux feux

On peut dans ces cas-là parler de « phobie double » : le sujet est à la fois victime d'une *phobie situationnelle*, liée à certains lieux ou circonstances dans lesquelles ces signes peuvent survenir – être

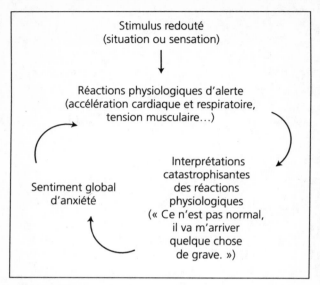

La spirale panique

debout dans une file d'attente, ou coincé dans un lieu surchauffé –, et d'une *phobie intéroceptive*, liée à la peur de l'apparition de certaines sensations corporelles (c'est ce que les patients appellent la «peur de la peur»). Ces phénomènes sont quasiment systématiques chez les agoraphobes paniqueurs. Mais on les retrouve aussi chez les patients phobiques sociaux, par exemple ceux qui souffrent d'une «éreutophobie» (phobie de devenir rouge) : leur peur des autres («Comment vont-ils réagir ? Vont-ils remarquer mon malaise ? Que vont-ils en penser ? Que vont-ils me dire ?») se double d'une peur de soi («Comment vais-je réagir ? Est-ce que je vais rougir ? À quel moment ?»).

Chez ces patients éreutophobes, la souffrance est quasi permanente et obsédante, comme souvent dans les phobies sévères : avant (« Vais-je rougir ? »), pendant (« Ça y est, je rougis ») ou après la confrontation aux situations redoutées (« On m'a vu rougir, quelle honte ! »).

Moment	Mécanisme psychologique prédominant	Conséquences
Avant la situation	anticipation des problèmes possibles (scénarios catastrophes)	augmentation de l'angoisse de base et du sentiment de vulnérabilité
Pendant la situation	focalisation sur les signaux de danger (externes ou internes) et lecture négative des éléments ambigus	augmentation de l'anxiété, diminution des capacités adaptatives à la situation
Après la situation	remémorisation des éléments angoissants ou dévalorisants de la confrontation	honte, maintien d'un sentiment de vulnérabilité pour les prochains affrontements

Les séquences chronologiques de l'anxiété phobique

Les émotions phobiques

Les émotions des personnes phobiques ne se limitent pas à l'anxiété, d'autres sentiments compliquent encore leur vécu quotidien : la honte de ressentir des peurs jugées socialement absurdes, la colère envers un entourage maladroit ou incompréhensif, le désespoir parfois de ne pas arriver à surmonter ses appréhensions ou de voir sa qualité de vie altérée.

Le rôle du stress

Il faut aussi savoir que des facilitations physiologiques peuvent considérablement amplifier les mécanismes d'acquisition et de maintien des phobies. On sait par exemple que l'activation du système nerveux sympathique renforce les conditionnements anxieux : si on est déjà stressé pour d'autres raisons, une expérience désagréable laissera en nous des traces plus profondes et plus durables. Beaucoup de patients paniqueurs décrivent ainsi qu'avant leur première attaque de panique (dont ils se souviennent en général avec une très grande précision, car c'est pour eux un souvenir traumatique) ils ont traversé une période de stress existentiel important. D'autre part, on sait que ces patients paniqueurs voient en général leurs troubles s'aggraver lorsqu'ils ont pris du café ou des excitants ; une des recommandations en début de traitement est d'ailleurs de diminuer la consommation de café.

Des tempéraments vulnérables

On pense aussi aujourd'hui que certains patients présentent un tempérament vulnérable qui les prédispose à ressentir des émotions anxieuses : des études conduites sur des enfants suivis pendant des années ont ainsi conclu qu'il existe chez un certain nombre d'entre eux des prédispositions tempéramentales précoces, présentes et dépistables dès les premiers mois de l'existence, à ressentir de l'anxiété face à des situations nouvelles. En confrontant ces enfants à des stimuli inhabituels, tels qu'un masque de chien, une personne inconnue, un bruit soudain, un robot-jouet de grande taille, on observe deux types de réactions : une inhibition anxieuse, ou une observation et un comportement d'approche. Les trois quarts des enfants très craintifs à vingt et un mois l'étaient toujours à sept ans ; et, inversement, les trois quarts des enfants très peu craintifs à vingt et un mois ne l'étaient pas davantage à sept ans. On a pu montrer que les enfants inhibés et anxieux face à des stimulations nouvelles risquent plus que d'autres de devenir phobiques sociaux ou paniqueurs, sans doute parce que plus vulnérables et facilement «conditionnables» par les événements désagréables et incontrôlables qui peuvent survenir durant leur enfance et leur adolescence.

Une sensibilité trop grande à l'angoisse ?

D'autres travaux très intéressants portent sur la «sensitivité anxieuse». Ce terme désigne chez un patient la crainte d'éprouver des sensations d'activation anxieuse (palpitations, barre sur la poitrine, tension musculaire…). De tels sujets, anxieux face à leurs propres réactions d'émotivité, risquent de développer un trouble panique, et peut-être aussi d'autres types de phobies. Cette sensitivité anxieuse a un caractère familial marqué, et se transmet souvent de génération en génération, en partie de manière héréditaire. Il est possible que les patients longtemps appelés «spasmophiles» dans notre pays (et nulle part ailleurs, la spasmophilie étant, comme la «crise de foie», une spécialité médicale française) soient en fait des sujets présentant ce type de réactivité anxieuse. On rejoint ici la notion déjà développée de «phobie intéroceptive».

Certains sujets paniqueurs parlent d'ailleurs très explicitement de leur sensation de «peur de la peur» : ils redoutent de ressentir les premiers symptômes d'anxiété, car ils savent que ceux-ci vont devenir incontrôlables. De ce fait, ils évitent non seulement les situations qui engendrent des sensations angoissantes, mais aussi l'évocation même de ces sensations : ils font tout pour ne pas prononcer, entendre ou lire certains mots évocateurs pour eux, tels que «malaise», «vertige», «infarctus», «panique», «folie»...

De la compréhension au traitement

Ce modèle de compréhension des troubles phobiques est actuellement assez cohérent, même s'il est sans doute amené à évoluer, et l'organisation des traitements s'en inspire largement. Nous allons voir en effet qu'aux perturbations comportementales et émotionnelles répondent des thérapies par exposition ; que les thérapies cognitives* aident le phobique à modifier son système de pensée ; que des médicaments, bien choisis et bien prescrits, peuvent agir sur les trois composantes de la phobie, en diminuant l'intensité des crises anxieuses, en permettant un certain recul dans l'adhésion aux pensées phobiques et en facilitant les confrontations.

Comment soigner les phobies ?

Les phobies ont longtemps été négligées par les médecins et les psychologues. Soit elles n'étaient pas avouées par les patients (par honte), soit elles n'étaient pas diagnostiquées en tant que telles (on a vu comment les paniqueurs ont longtemps été classés dans la catégorie des «spasmophiles»). Soit enfin elles étaient confondues avec des peurs bénignes : on expliquait doctement aux phobiques sociaux que leur timidité passerait avec l'âge, ou aux phobiques du sang qu'il fallait faire preuve de volonté…

De leur côté, les psychanalystes considéraient que les symptômes phobiques n'avaient pas d'intérêt en eux-mêmes, et qu'ils n'étaient que les manifestations superficielles de conflits inconscients qui représentaient le cœur du problème, et polarisaient les efforts du thérapeute. Ce dernier ne cherchait donc pas particulièrement à faire disparaître les symptômes de la phobie.

Un virage important fut pris dans les années 60, sous l'impulsion de psychiatres comme l'Américain Donald Klein, qui démontra l'efficacité de certains antidépresseurs dans le traitement du trouble panique, et comme le Sud-Africain Joseph Wolpe ou l'Anglais Isaac Marks, qui mirent au point les premières thérapies comportementales efficaces sur les troubles phobiques.

Des médicaments pour les phobies ?

Il n'existe pas de médicament «antiphobique» comme il existe par exemple des antidépresseurs. Cependant, beaucoup de patients prennent des médicaments psychotropes* : est-ce toujours à bon escient ?

Le premier – et le plus répandu aujourd'hui encore – des traitements prescrits (ou auto-administrés par le patient lui-même) est souvent un tranquillisant. Malgré leurs bénéfices (ils apaisent en partie l'angoisse ressentie), les tranquillisants posent un certain nombre de problèmes. D'abord, leur action est très incomplète, et loin d'être satisfaisante ; beaucoup de phobiques les prennent avec le sentiment de «colmater» leur angoisse, sans plus. D'autre part, la classe la plus prescrite de tranquillisants, les benzodiazépines, entraîne assez souvent une dépendance, et l'arrêt du traitement devient problématique car il provoque un syndrome de sevrage (avec un véritable rebond de l'anxiété lors de l'interruption) ; bien que sans gravité, celui-ci n'est jamais agréable. Enfin, et c'est peut-être le plus gênant, on soupçonne ces mêmes benzodiazépines d'entraver l'apprentissage du patient quant à la maîtrise de son angoisse : lorsqu'on est phobique, prendre ces médicaments à forte dose pendant trop longtemps revient à diminuer, certes, l'intensité de l'angoisse, mais aussi à la chroniciser.

Des travaux conduits sur des patients phobiques du vol aérien l'ont suggéré. Une étude avait ainsi proposé à vingt-huit patientes phobiques de l'avion d'effectuer deux vols espacés d'une semaine. La moitié d'entre elles, choisies au hasard, recevaient pour le premier vol une dose efficace de benzodiazépines, tandis que les autres prenaient un placebo. Pour le second vol, aucun médicament n'était distribué. Durant le premier vol, les patientes sous tranquillisant présentaient une anxiété moins élevée que les autres ; en revanche, lors du second vol, elles se montraient beaucoup plus anxieuses, là où les autres voyaient leur anxiété diminuée par rapport au premier vol. Autrement dit, les benzodiazépines sont peut-être efficaces pour diminuer l'anxiété, mais à l'arrêt du traitement, celle-ci se manifestera encore plus fortement, et la répétition des expériences d'exposition verra son efficacité altérée. D'autres études de ce type sont nécessaires pour confirmer ces hypothèses, car les travaux en la matière sont encore trop peu nombreux pour qu'on puisse généraliser leurs conclusions.

Cependant, la tendance actuelle chez les médecins est de ne plus prescrire systématiquement de benzodiazépines dans les cas de phobies, et de n'en proposer un usage contrôlé – dans ses doses et sa

85

durée – qu'aux personnes chez lesquelles l'anxiété de base est trop intense. D'autres médicaments anxiolytiques existent d'ailleurs, appartenant à des classes pharmacologiques différentes, pour traiter la tendance à une «anxiété généralisée*», fréquemment associée aux phobies.

En revanche, une autre catégorie de psychotropes est de plus en plus prescrite dans certaines phobies sévères (phobies sociales et trouble panique) : il s'agit des antidépresseurs. Depuis des travaux conduits dans les années 60, on s'est aperçu que certains antidépresseurs ont également une action antiphobique partielle, même si le patient n'est pas déprimé : il s'agit donc d'un effet spécifique sur l'anxiété, et non sur la dépression. Les antidépres-

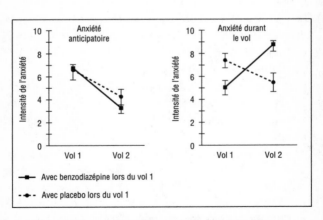

Anxiété phobique et vol aérien avec et sans tranquillisant
Sans tranquillisant, l'anxiété anticipatoire et celle qui est ressentie pendant le vol diminuent avec la répétition des expositions. En revanche, la prise d'un anxiolytique entraîne un rebond de l'anxiété si le traitement n'est pas reconduit, et diminue ainsi l'efficacité des expériences répétées de confrontation.

seurs concernés sont ceux dont le mécanisme d'action augmente les taux de sérotonine, un neurotransmetteur* cérébral : c'est pourquoi ils sont appelés «sérotoninergiques». Après avoir utilisé les antidépresseurs dits «tricycliques» (ainsi dénommés en raison de la structure chimique de leur molécule), les médecins prescrivent aujourd'hui plus volontiers des antidépresseurs dits «ISRS», ou inhibiteurs sélectifs de la recapture de la sérotonine. Ces derniers ont la même efficacité sérotoninergique que les tricycliques mais sont beaucoup mieux tolérés.

Lorsque les patients «répondent» bien à l'action des antidépresseurs – ce n'est pas toujours le cas, ce qui explique qu'il faille parfois en essayer plusieurs avant d'arriver à un bon résultat –, l'intensité et la fréquence de leurs manifestations anxieuses diminuent (mais ne disparaissent pas toujours) : il leur est alors plus facile de se confronter à ce qu'ils redoutent, n'ayant à affronter qu'une angoisse forte, mais qui ne va pas jusqu'à la panique. Ces patients sous traitement sérotoninergique décrivent aussi souvent une capacité accrue à prendre du recul par rapport à l'angoisse liée à leurs pensées phobiques, et donc à mieux critiquer ces dernières. Cela va les pousser à s'exposer plus régulièrement aux situations redoutées.

Malgré leurs avantages sur les benzodiazépines, les antidépresseurs posent eux aussi quelques problèmes. Ils ont tout d'abord des effets secondaires : par leur puissance, ils entraînent assez souvent des effets indésirables (par exemple, nausées, irritabilité ou, tout simplement, sensation d'«être sous médicament ») ; ces effets peuvent parfois pousser les patients à interrompre leur traitement, ou même déclencher des crises d'angoisse chez les personnes dont la phobie comporte une dimension intéroceptive. Ensuite, un certain nombre de patients rechutent à l'arrêt du médicament. Enfin, on ne sait pas exactement aujourd'hui quelle doit être la durée idéale d'un traitement de ce type (il semble qu'une prescription de six mois à un an soit souvent nécessaire). C'est pourquoi il est préférable de présenter la prescription non pas comme un traitement en soi, mais comme une aide aux efforts personnels à accomplir pour modifier son comportement phobique. Toute prescription de psychotrope dans les phobies ne devrait d'ailleurs pas se concevoir sans un accompagnement psychologique minimal, fondé sur des conseils relatifs à la vie quotidienne et inspiré des thérapies actuellement les plus efficaces, les thérapies comportementales : comprendre les mécanismes de la phobie, agir malgré l'angoisse, ne plus éviter, savoir se relaxer.

Phobies et psychanalyse

Nous avons vu que les psychothérapies psychanalytiques ne représentaient plus une indication privilégiée dans la prise en charge des phobies. Les psychanalystes n'ont d'ailleurs jamais considéré la diminution ou la disparition des symptômes phobiques comme un but en soi, alors que c'est souvent une demande prioritaire des patients.

Cependant, la psychanalyse peut apporter des outils utiles au traitement ou à la compréhension de phénomènes associés aux phobies. Ainsi, des traits de caractère, comme une personnalité dépendante ou évitante, se rencontrent fréquemment chez les phobiques : analyser et faire évoluer des manières d'être pathologiques nécessite parfois, en complément des thérapies comportementales ciblées sur les symptômes phobiques, une psychothérapie introspective de plusieurs années. Souvent, des avantages liés au comportement phobique (les «bénéfices secondaires*») gênent les progrès des patients ; par exemple, une patiente agoraphobe très protégée par son entourage se sentira moins soutenue si elle va mieux, et pourrait être inconsciemment tentée de ne pas complètement guérir pour ne pas perdre les avantages de la mobilisation familiale autour d'elle. Il est important d'amener le patient à prendre pleinement conscience de ces bénéfices secondaires. Enfin, des aspects symboliques et inconscients jouent quelquefois un rôle primordial dans l'apparition des peurs et des évitements : par exemple, une première crise de panique survenant le jour anniversaire du décès d'un des parents peut nécessiter une réflexion psychothérapique centrée sur un travail de deuil insuffisant.

Un autre handicap des psychothérapies psychanalytiques dans la prise en charge des phobies résidait dans l'absence d'évaluation de leurs résultats. On se souvient de la devise célèbre *La guérison viendra en sus...* Celle-ci semble heureusement devenue obsolète, et de plus en plus de psychanalystes réfléchis-

89

sent désormais aux moyens d'évaluer les résultats de leurs interventions, dans le cadre d'études dites «contrôlées» (c'est-à-dire avec un groupe témoin n'ayant pas suivi la thérapie). Une telle étude a été conduite auprès de cinquante-sept patients paniqueurs agoraphobes soignés pendant neuf mois à l'aide d'antidépresseurs. On a proposé à la moitié

Comment évaluer scientifiquement une psychothérapie ?

Imaginons que vous ayez mis au point une méthode révolutionnaire pour soigner les phobies. Vous allez d'abord la tester sur un petit nombre de vos patients, qui vont vous sembler aller mieux. Mais vont-ils vraiment mieux ? Ce n'est pas seulement à vous de le dire (on ne peut être juge et partie), mais aux patients eux-mêmes (au travers d'autoquestionnaires validés) ou mieux, à d'autres psychothérapeutes (dits « évaluateurs »), lesquels utilisent eux aussi des échelles d'évaluation validées par la recherche. Puis, même si ces premiers résultats sont favorables, vous devez vérifier si c'est bien votre nouvelle technique de psychothérapie – facteur spécifique – qui a aidé ces patients, et non tout simplement le fait que vous avez passé du temps à les écouter et à les soutenir (facteur non spécifique). Vous allez donc faire une étude « contrôlée », c'est-à-dire que, sur un nombre suffisant de patients candidats à une psychothérapie, vous allez procéder à un tirage au sort entre deux groupes : ceux qui bénéficieront de votre méthode, et ceux qui suivront seulement une thérapie de soutien (ils passeront le même temps que les autres avec un thérapeute, mais ce dernier ne fera que les écouter et les encourager). Si les résultats sont significativement meilleurs chez les patients qui ont suivi votre psychothérapie, vous êtes sur la bonne piste. Encore va-t-il maintenant falloir que vous soyez capable de décrire votre méthode de façon assez précise pour que d'autres équipes de thérapeutes arrivent à reproduire vos résultats auprès du même type de patients ! À ce moment-là, la communauté scientifique reconnaîtra que votre technique est novatrice et efficace. La route est donc longue avant qu'une psychothérapie n'accède au rang de technique validée par la recherche !

À ce jour, ce sont les thérapies comportementales et cognitives qui ont été l'objet du plus grand nombre de telles validations scientifiques.

d'entre eux, tirés au sort, une thérapie psychanalytique brève en plus du médicament. Celle-ci les faisait réfléchir sur leur dépendance relationnelle, leur crainte du rejet par leurs proches, leur incapacité à exprimer leurs émotions et leurs points de vue. L'autre moitié des patients était sous simple traitement médicamenteux accompagné d'entretiens de suivi médical. Après neuf mois de traitement, la plupart des patients, qu'ils aient ou non suivi une psychothérapie, ne présentaient plus d'attaques de panique. On a donc arrêté le traitement. Mais quand on réévaluait les patients neuf mois plus tard, seulement 20 % de ceux qui avaient eu les entretiens psychothérapiques avaient rechuté, contre 75 % de ceux qui n'avaient eu qu'un suivi médical simple. La thérapie semblait donc avoir contribué à limiter les rechutes après l'arrêt du traitement.

91

Ce type de travail scientifique dans le champ des thérapies psychodynamiques reste néanmoins, pour l'instant, minoritaire au regard de l'importante masse de données issues de l'autre grand courant psychothérapique, le courant cognitivo-comportemental.

Les thérapies cognitives et comportementales

Ce sont actuellement les psychothérapies recommandées en premier traitement des états phobiques. Leur efficacité dans cette indication a été démontrée par plusieurs dizaines d'études contrôlées, et fait l'objet de préconisations officielles de la part de l'OMS

(Organisation mondiale de la santé). Du fait de leur politique d'évaluation systématique, les thérapies comportementales et cognitives ne constituent pas un corpus de connaissances figées. Leurs techniques évoluent régulièrement : certaines méthodes largement utilisées il y a dix ans le sont beaucoup moins aujourd'hui, d'autres sont apparues…

On oppose souvent la psychanalyse aux thérapies comportementales et cognitives. En réalité, ces dernières se sont surtout développées en réaction à une certaine conception «molle» de la psychothérapie, perçue comme une série de rencontres au cours desquelles un thérapeute laisse parler un patient, sans trop savoir où cela va les conduire l'un et l'autre. Pour les comportementalistes, «la psychothérapie ne doit pas être une technique non définie, s'adressant à des problèmes non précisés, avec des résultats non mesurables».

Les thérapies comportementales et cognitives accordent une priorité au travail sur les symptômes et à l'adaptation au monde environnant, plutôt qu'à la compréhension des éléments du passé, centrée sur le seul individu. Le thérapeute adopte un style relationnel directif, donne des informations et des conseils au patient, lui fait pratiquer des exercices en séance et entre les séances. Le but de la thérapie est que le patient puisse à nouveau affronter ce qui lui fait peur et, de ce fait, retrouver une autonomie et une estime de soi satisfaisantes.

Nous allons voir que les principales techniques sont l'exposition (se confronter à ses peurs) et la restructuration cognitive (analyser ses pensées et les critiquer). D'autres outils thérapeutiques sont parfois associés à ces deux «ingrédients» de base : la relaxation et le contrôle respiratoire (lorsque l'anxiété est très forte, on entraîne les patients à la réduire par ces techniques au moment d'affronter les situations phobogènes), ainsi que l'affirmation de soi, qui consiste à apprendre par des jeux de rôle à exprimer ce que l'on veut ou ce que l'on ressent. Ces deux méthodes, on le voit, ont pour but d'aider la personne phobique à reprendre en partie le contrôle des situations qui l'angoissent, au lieu de se sentir débordée par ses sensations physiques – perçues comme totalement incontrôlables –, et soumise aux autres personnes (imaginées plus fortes que soi). Il existe à ce jour plusieurs dizaines d'études contrôlées qui attestent l'efficacité des thérapies comportementales et cognitives. Les travaux de suivi montrent qu'après plusieurs années, ces résultats s'avèrent durables. Ils soulignent aussi dans certains cas la nécessité de mettre en place des programmes de «maintenance», avec un suivi régulier du patient, lequel est encouragé à appliquer régulièrement les stratégies psychologiques et comportementales apprises durant la thérapie, et à dépister précocement les éventuels symptômes avant-coureurs de récidive, avant qu'ils ne s'organisent en une rechute avérée. Confronté à des difficultés, un ancien phobique risque en effet de ressentir à nouveau des manifestations débutantes de son trouble ; mais en appliquant les stratégies apprises en thérapie, il aura toutes les chances de pouvoir les endiguer et les contrôler beaucoup plus facilement.

Quoi qu'il en soit, les craintes émises par les psychanalystes sur la possibilité de substitution de symptômes (« Supprimez la phobie et le patient se couvrira d'eczéma ») ou sur les rechutes systématiques (« Tant que le problème de fond ne sera pas réglé, les symptômes reviendront ») n'ont jamais été confirmées par la moindre étude. Si de tels cas existent, il est clair qu'ils ne représentent pas une majorité significative, loin s'en faut.

Agir sur les comportements phobiques : l'exposition

Nous avons vu comment les évitements chronicisent une phobie. Les médecins ont très tôt constaté que certains patients, en se confrontant régulièrement à leurs peurs, arrivaient à se débarrasser de leur phobie. Dès le début du siècle, le psychologue français Pierre Janet avait proposé à ses patients phobiques des stratégies de confrontation progressive assez proches des actuelles thérapies comportementales par exposition. L'intérêt de ne plus fuir ce qui angoisse relève du bon sens, et n'échappe pas à l'entourage des phobiques, qui abreuve ces derniers de conseils ou les pousse, parfois vigoureusement, à se « jeter à l'eau ». Mais cela ne marche pas toujours, car la confrontation aux peurs phobiques doit, pour être durablement efficace, obéir à quelques règles assez strictes.

Les travaux expérimentaux sur le déroulement d'une crise anxieuse montrent en effet que si une personne reste suffisamment longtemps confrontée à la situation redoutée, son anxiété finit toujours par diminuer. Le problème est que les patients ne se maintiennent en général pas dans la situation angoissante, car ils s'imaginent que l'angoisse va indéfiniment monter et s'accroître, jusqu'à atteindre un niveau insupportable ou dangereux, ou bien qu'elle va rester à son niveau le plus élevé et ne jamais diminuer. Ils en arrivent donc à la conclusion qu'il faut fuir la situation, physiquement ou mentalement, pour survivre. Ces deux anticipations* sont bien sûr erronées, mais tant que le patient n'ira pas jusqu'au bout de la confrontation pour les vérifier, le doute subsistera (« Si je n'avais pas pris la fuite, une catastrophe serait certainement arrivée »).

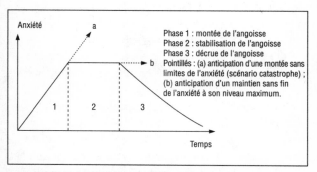

Intensité de l'anxiété lors d'une séance d'exposition à une situation phobogène

Exposition, mode d'emploi

Le but de la thérapie comportementale est d'aider le phobique à se confronter à sa peur selon quelques règles strictes :

– exposition prolongée : il s'agit de rester dans la situation angoissante pendant un temps suffisamment long au terme duquel l'angoisse doit avoir diminué de 50 % au moins. Les séances d'exposition peuvent donc difficilement durer moins de quarante-cinq minutes. Parfois, certains thérapeutes préfèrent prescrire des séances moins nombreuses mais d'une durée plus longue (au moins trois heures) : par exemple, il existe des protocoles destinés aux phobiques des animaux en une séance, ou aux phobiques du sang en cinq séances ;

– exposition complète : il ne faut pas qu'il y ait, pendant la séance d'exposition, d'évitements intrasituationnels (« subtils »). Chez les phobiques des animaux, cela peut être le détournement du regard (pour diminuer le sentiment de peur). Chez les paniqueurs, le fait de s'appuyer sur un meuble (pour prévenir la survenue d'un malaise). Chez les phobiques sociaux, de beaucoup parler pour éviter un silence et supporter alors un regard observateur sur soi, ou au contraire de ne rien dire pour ne pas attirer l'attention ;

– exposition progressive (« graduée ») : on recommande dans la plupart des cas de commencer par exposer progressivement la personne phobique à des situations d'une difficulté croissante ; pour cela, on établit avec elle des listes d'objectifs, qui représenteront autant d'étapes à franchir les unes après les autres, en commençant par les moins angoissantes. Par exemple, pour un phobique des hauteurs, il s'agira de se mettre debout sur une chaise, puis sur une table, puis de grimper sur un escabeau ou une échelle, de se pencher au-dessus d'un balcon, d'un pont, etc. ;

– expositions répétées : pour traiter efficacement une phobie, une confrontation ne suffit pas, les exercices doivent être répétés ; c'est cette répétition qui fera que, peu à peu, l'intensité et la durée de l'anxiété diminueront. Au fur et à mesure des expositions, l'anxiété cesse de s'accroître et dure moins longtemps. En ce sens, il est indispensable que la personne phobique pratique régulièrement des exercices d'exposition entre deux séances de psychothérapie.

Il existe plusieurs types possibles d'expositions :
– les expositions situationnelles (les plus classiques) :

Situation	Degré d'anxiété
écrire, entendre, lire et prononcer des mots tels que : sang, piqûre, aiguille, seringue, artère, prise de sang, laboratoire d'analyses, opération, chirurgie…	25/100
observer son pli du coude et celui de personnes de son entourage	30/100
observer une aiguille pour injection intramusculaire dans son emballage fermé	35/100
entrer dans une salle de soins infirmiers et observer tout le matériel utilisé	40/100
regarder des photos de vaccinations et de prises de sang tirées de manuels infirmiers ou de revues médicales	45/100
manier une aiguille pour injection intramusculaire dans son emballage	50/100
sortir l'aiguille de son emballage et la manipuler	60/100
se piquer avec l'aiguille sans se faire saigner, sur la pulpe des doigts, puis sur d'autres régions du corps, enfin au niveau du pli du coude	80/100
assister à une prise de sang	95/100
se faire faire une prise de sang	100/100

Progression d'une thérapie par exposition graduée chez une patiente présentant une phobie du sang et des piqûres

le patient est invité à se confronter à ce qu'il redoute (manipuler une seringue s'il est phobique des injections, s'approcher de l'animal dont il a peur, prendre un ascenseur, faire un exposé en public…) ;

– les expositions intéroceptives : le patient va s'exposer aux sensations physiques qu'il redoute (monter des escaliers pour avoir des palpitations, rester debout longtemps pour déclencher de légères sensations d'hypotension, accepter de rougir ou de transpirer devant autrui…). Puisque ces sensations sont elles-mêmes l'objet d'une phobie intéroceptive, le thérapeute va chercher à les déclencher en séance pour apprendre au patient à les supporter sans angoisse et à les maîtriser : on propose au sujet d'hyperventiler (respirer très rapidement et profondément pendant plusieurs minutes), on le fait tourner rapidement sur un fauteuil pour induire de légers vertiges, etc.

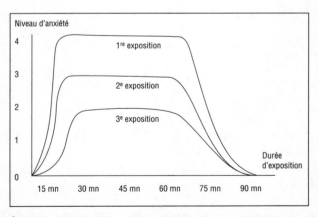

Évolution du niveau d'anxiété lors de séances d'exposition répétées au stimulus phobogène

– les expositions en imagination : il arrive que l'angoisse du patient soit trop forte pour qu'il puisse se confronter à ses peurs. Dans ce cas, avant de passer aux expositions dites *in vivo*, on lui propose une «désensibilisation* en imagination» : confortablement allongé, les yeux fermés, le patient se relaxe, puis imagine dans le détail la scène qu'il redoute, jusqu'à ce que celle-ci ne provoque plus d'angoisse ; il passe alors à l'exposition en réalité, etc.

On comprend à la lecture de ces lignes que les thérapies comportementales nécessitent une collaboration très forte et très active entre le patient et son thérapeute : dans la mesure où le traitement proposé est assez désagréable, du moins au début, l'alliance thérapeutique se doit d'être solide. Inutile de préciser qu'aucune de ces expositions ne se fait sans l'accord complet du patient. Il est fréquent que le thérapeute soit amené, en début de thérapie, à sortir pour accompagner le patient sur les lieux d'exposition (une oisellerie, un pont, un grand magasin…). C'est parfois difficile dans le cas de certaines phobies comme la peur de l'avion. D'autre part, les thérapeutes n'ont pas toujours le temps disponible pour cela. C'est pourquoi les techniques d'imagerie virtuelle suscitent un grand intérêt chez les comportementalistes : en équipant correctement les patients, il sera possible de leur faire vivre les sensations redoutées dans le cabinet du thérapeute ou chez eux. Ces thérapies ont déjà été testées avec succès auprès de patients acrophobes (peur des hauteurs) ou arachnophobes. Des travaux sur la peur de l'avion sont en cours.

Agir sur les pensées phobiques : la restructuration cognitive

Le contraire de l'adjectif «phobique» est-il «courageux» ou «inconscient»? Pour Helvétius, philosophe français du XVIIIe siècle, «le courage est souvent l'effet d'une vue peu nette du danger qu'on affronte ou de l'ignorance entière du même danger». La phobie serait-elle alors «l'effet d'une vue *trop* nette du danger qu'on affronte ou de la *conscience extrême* du même danger»?

Les systèmes de pensée des patients phobiques (hypervigilance, amplification des dangers, sentiment d'une impuissance à faire face…) sont en tout cas une cible importante des interventions psychothérapiques. Dans le jargon des thérapeutes, on appelle «cognition» une pensée automatique qui vient à l'esprit d'une personne. C'est sur ce type de pensées, souvent subconscientes (c'est-à-dire inconscientes mais accessibles à un petit effort d'introspection) que vont porter les thérapies cognitives.

Exemples de scénarios catastrophes imaginés par des patientes présentant une phobie du sang, des piqûres et des injections :

«Je vais m'évanouir en voyant la seringue»;

«Quand on va me piquer, je ne vais plus pouvoir me contrôler»;

«Je bougerai et l'aiguille se cassera dans mon bras»;

«Un bout de l'aiguille va remonter jusqu'à mon cerveau et provoquer un accident vasculaire cérébral»;

«L'aiguille va traverser mon bras»;

«On va me prendre beaucoup de sang et je vais avoir un malaise»;

«Dès que l'infirmière ouvrira le flacon d'alcool, je m'évanouirai».

Situation angoissante	Pensée automatique	Pensée alternative
Acheter une baguette de pain à la boulangerie	Il faudrait que j'arrive à parler de la pluie et du beau temps avec l'air détendu. Je dois avoir l'air bizarre à ne jamais rien dire.	J'ai le droit de ne pas être bavard. En fait, il suffit que je dise une phrase ou deux de banalités sur le temps, c'est un rituel social, rien de plus.
Participer à une réunion de travail	Je n'arrive pas à prendre la parole, j'ai trop peur de dire une bêtise ou de ne pas arriver à m'exprimer correctement.	Je ne suis pas le seul à avoir du mal à parler en public. Mais je vais essayer peu à peu de donner davantage mon avis : je vois bien qu'il arrive à tout le monde de dire des choses erronées ou de bafouiller.
Acheter des vêtements	J'ai essayé plusieurs pantalons et fait perdre du temps au vendeur : je dois en acheter un maintenant, même si rien ne me plaît vraiment.	Le vendeur est là pour ça. Si je lui explique aimablement, il comprendra très bien. Beaucoup de gens essayent et n'achètent rien. Il y a certainement des clients plus casse-pieds que moi.

Exemple de relevé d'auto-observation chez un patient phobique social de trente-six ans

Leur première étape, dite d'auto-observation, consiste en une prise de conscience de ce fonctionnement mental, ce qui n'est pas toujours facile, car les patients ont naturellement tendance à rationaliser leurs façons de voir : « Je ne prends plus les ascenseurs car c'est plus sain de monter par les esca-

liers», «Tous les chiens sont potentiellement dangereux, c'est normal d'en avoir peur…» Dans certains
cas également, penser à ce qu'on redoute fait peur,
et les patients paniqueurs n'aiment pas «écouter»
leurs peurs : ils évitent de penser ou de prononcer
certains mots comme «malaise», «angoisse» qui
déclenchent des crises anxieuses… Ces patients ont
alors recours à des stratégies de fuite mentale (dites
«évitements cognitifs») : ils laissent par exemple la
radio allumée en permanence ou ils sont toujours
en train de faire quelque chose (parler, lire…)
quand la peur s'approche. À ce stade, le thérapeute
demande à son patient de tenir un relevé d'auto-
observation, en notant dans une colonne les situations qui l'angoissent et dans une autre les pensées
automatiques qu'elles induisent.

102

Après cette étape d'auto-observation, on entraîne le
patient à réfléchir sur ses cognitions et à en analyser
la pertinence : il ne s'agit pas ici de lui rappeler que
ses peurs ne sont pas «raisonnables» (son entourage
s'en est déjà chargé) mais de l'aider à les affronter,
et à analyser les scénarios catastrophes qu'il envi-
sage. De quoi a-t-il peur précisément ? Que va-t-il se
passer selon lui s'il affronte la situation ? Quelles
seront ses réactions ? Quelles pourraient en être les
conséquences à long terme ? Toutes ces prédictions
sont-elles exactes ? Comment en vérifier la pertinence ? Le patient ajoute alors une colonne à son
relevé d'auto-observation, pour y noter les modes
de pensée plus réalistes, destinés à lutter contre les
pensées automatiques angoissantes.

À ce stade, le thérapeute est souvent amené à
répondre à des questions de son patient sur l'objet

de ses craintes : peut-on mourir de peur ? Pourquoi les serpents tirent-ils la langue ? Un chien peut-il tuer un être humain ? Il est en effet nécessaire de bien connaître l'objet de ses peurs pour l'apprivoiser ; or, par un réflexe compréhensible, les patients évitent tout ce qui leur rappelle leur phobie. Ainsi, un phobique des araignées ne lira ni ne regardera aucune émission télévisée ou aucun article de revue sur les arachnides. Beaucoup de traitements de phobies doivent donc comporter cette phase d'information : plusieurs compagnies proposent ainsi aux phobiques du vol aérien des visites à bord d'avions au sol, accompagnées par des pilotes ou des hôtesses qui leur expliquent comment un objet plus lourd que l'air peut voler, ce qui se passe en cas de panne de réacteur, etc.

Le thérapeute va également à cette étape inciter son patient à procéder à des « épreuves de réalité » destinées à vérifier si les prédictions phobiques se confirment. Par exemple, à un paniqueur qui prévoit qu'au-delà de dix minutes coincé dans une file d'attente il présentera un malaise ou une attaque de panique, le thérapeute propose de tester cette prédiction en l'accompagnant dans un bureau de poste aux heures de pointe. À un phobique social persuadé que toutes ses questions sont idiotes, il recommande de se rendre dans un magasin d'électroménager, de poser des questions sur divers appareils, et de faire répéter les explications au vendeur. Tout au long de cette phase de travail sur les cognitions, le thérapeute adopte une attitude très empathique et respectueuse vis-à-vis des angoisses de son patient : il ne s'agit pas simplement de le « raisonner» ou de rééduquer une vision des choses erronée, mais plutôt de l'aider à prendre progressivement conscience des mécanismes psychologiques par lesquels il amplifie d'éventuels dangers, et s'enferme dans des stratégies protectrices aggravantes. À l'issue de la thérapie, le patient aura profondément et durablement modifié ses croyances à propos des menaces extérieures et de sa vulnérabilité personnelle.

Un monde sans phobies ?

Au terme de ce bref tour d'horizon du monde des phobies, nous ne prononcerons aucun «éloge de la phobie»... Si les peurs ont une vertu adaptative, pour l'individu comme pour l'espèce, les phobies n'en ont aucune. Elles représentent une souffrance et un handicap pour les personnes qui en sont atteintes. Longtemps considérées comme des troubles bénins et anecdotiques, elles sont au contraire, comme des travaux récents l'ont montré, fréquentes et handicapantes.

Les descriptions assez précises des différents troubles phobiques, de leurs mécanismes et de leurs traitements que vous avez pu découvrir dans ce livre ne doivent cependant pas faire oublier que les patients phobiques ne sont pas seulement des porteurs de symptômes, mais aussi des personnes humaines, qui souffrent et qui ont une histoire dans laquelle la phobie a une place. Si la guérison passe obligatoirement par la disparition des symptômes, elle va également déboucher sur de nouveaux modes de vie et des façons différentes de percevoir le monde : le rôle des thérapeutes est aussi d'aider leurs patients à s'adapter à un nouvel équilibre, car la phobie est aussi un ensemble de mauvaises habitudes qu'il n'est pas toujours facile d'abandonner...

Les thérapies, même rigoureusement conduites et codifiées, sont toujours des rencontres entre des individus, au cours desquelles s'opère une alchimie relationnelle complexe. Mais cette alliance thérapeutique ne sera que d'une efficacité limitée si elle ne s'appuie pas sur des bases techniques solides, scientifiquement et régulièrement évaluées.

La connaissance scientifique des phobies a en effet beaucoup progressé ces dernières années et permis de mieux les soigner. Pourtant, bien des études seront encore nécessaires pour percer à jour les mécanismes phobiques. Il faut que nous puissions expliquer plus précisément pourquoi certaines phobies sont plus bénignes que d'autres, pourquoi des traumatismes ou des types d'éducation entraînent des phobies chez un enfant et pas chez ses frères et sœurs, comment des sujets arrivent à surmonter eux-mêmes leur phobie...

Mais toutes ces études ne doivent pas porter seulement sur les phobies constituées. Nous devons aussi mieux comprendre ce que cherchent et ressentent les personnes qui regardent des films d'épouvante, ou celles qui prennent le grand huit ou le train fantôme dans les fêtes foraines. Sans doute à éprouver de la peur, mais une peur domestiquée, contrôlée et limitée. On apprendrait également beaucoup en étudiant la psychologie des «philiques» : les personnes qui élèvent des mygales dans leur chambre à coucher, celles qui s'adonnent sans retenue à la varappe ou au saut à l'élastique n'ont-elles pas des points communs avec les arachnophobes ou les acrophobes ? S'il existe une même activation émotionnelle chez le phobique et le philique, la différence entre eux se situe-t-elle dans la lecture psychologique des sensations physiques ? Là où les battements de cœur induisent une angoisse chez le phobique, ils seraient perçus comme un signe de plaisir et d'excitation par le philique ? Ou bien les philiques seraient-ils des phobiques d'un genre particulier, qui ont choisi des stratégies de maîtrise et de confrontation plutôt que d'évitements et de renoncements, et ont décidé de ne garder que le meilleur de la peur : le vertige du frisson sans la morsure de l'angoisse ?

106

Mais tout cela n'est – pour l'instant – que littérature, et un seul message importe : il est aujourd'hui possible de guérir durablement la plupart des phobies.

ANNEXES

Glossaire

Angoisse : pour le psychiatre, l'angoisse est une forme d'anxiété majeure, dans laquelle l'inquiétude psychologique est accompagnée de signes physiques (sentiment d'oppression respiratoire et thoracique, tension des muscles…). Étymologiquement, le mot angoisse vient du latin *angustia*, « étroitesse, lieu resserré ».

Anticipation : l'anticipation est le mouvement psychologique qui nous pousse à penser à l'avance à un événement ou à une situation. L'anticipation est un phénomène mental normal et indispensable : elle aide l'individu à se préparer à des confrontations importantes, à prévoir les obstacles possibles à ses projets, etc. Chez les personnes qui souffrent de troubles anxieux, et notamment de phobies, l'anticipation est une fonction psychologique hypertrophiée : parce qu'ils perçoivent le monde environnant comme potentiellement dangereux, ces sujets se préparent toujours au pire, dans l'espoir de ne jamais être pris au dépourvu. Cette anticipation excessive, si elle leur rend parfois quelques services, comporte de nombreux inconvénients : elle entraîne une angoisse incontrôlable liée à des scénarios catastrophes, une perte de spontanéité (« Avant de dire oui, je dois vérifier s'il n'y a pas un danger caché »), une incapacité à se détendre et à profiter de l'instant présent, etc.

Anxiété : l'anxiété est un état émotionnel désagréable, caractérisé par le sentiment d'une menace ou d'un danger à venir. Tous les phobiques ressentent de l'anxiété (par exemple chaque fois qu'ils anticipent une confrontation à ce qu'ils redoutent). Mais tous les anxieux ne sont pas des phobiques : l'anxiété, définie classiquement comme une « peur sans objet », porte sur des préoccupations souvent changeantes d'une période à l'autre ; elle atteint rarement l'intensité d'une attaque de panique.

Anxiété généralisée : trouble anxieux caractérisé par des préoccupations excessives et incontrôlables à propos de la vie quotidienne, associées à des manifestations physiques de tension. L'anxiété généralisée n'est pas une phobie dans la mesure où l'objet des préoccupations n'est pas circonscrit, mais peut concerner tous les domaines de l'existence : santé, travail, finances… Un individu sujet à ce type de trouble pourra, par exemple, se sentir très inquiet si ses enfants ont cinq minutes de retard à la sortie de l'école, ou se faire beaucoup de souci pour un découvert bancaire modéré.

Bénéfices secondaires : ce concept psychanalytique rappelle que dans certains cas, le statut de malade peut apporter au patient des avantages, par exemple une attention et une surprotection de son entourage, auxquels il lui faudrait renoncer en cas de guérison. Chez quelques patients phobiques, ce mécanisme peut expliquer une motivation insuffisante à guérir. Mais de nombreux psychothérapeutes ont autrefois abusé de cette explication pour justifier la non-guérison de leurs patients, due en fait à l'utilisation de méthodes de soin inefficaces.

109

Comorbidité : il s'agit de la présence chez un même individu de plusieurs troubles (deux ou plus). La comorbidité est un phénomène très fréquent dans les pathologies phobiques. On sait, par exemple, qu'un phobique social sur trois traverse un épisode dépressif durant son existence (si sa phobie n'est pas traitée). Dans certains cas, la comorbidité est même la règle : seulement 25 % des personnes atteintes de phobies spécifiques ne souffrent que d'une seule phobie, et la moitié d'entre elles présentent deux ou trois phobies.

Conditionnement : c'est la mise en place chez une personne donnée de liens puissants et automatiques entre une situation (dite «stimulus») et une façon d'y répondre (cette «réponse» peut être une émotion, un comportement, une pensée…). Par exemple, chez un sujet phobique, l'objet phobogène entraîne une réponse conditionnée émotionnelle très forte de peur, une réponse comportementale d'évitement et un réponse cognitive de crainte d'une catastrophe : malgré son intelligence et sa volonté, le phobique est victime de ce conditionnement. Le but des thérapies comportementales est d'aider les patients à se déconditionner de ces réflexes handicapants. Conditionnement et déconditionnement sont des apprentissages, conscients (dans le cas de la thérapie) ou inconscients (dans le cas du développement et du maintien de la phobie). La mauvaise réputation des recherches scientifiques sur le conditionnement tient sans doute à ce que de tels travaux soulignent les limites de notre libre arbitre.

Conductance cutanée : la conductance (inverse de la résistance) est la capacité d'un matériau à laisser passer le courant électrique. Plus une personne est anxieuse, plus elle est sujette à des manifestations physiques d'activation émotionnelle, parmi lesquelles la transpiration. Une légère sudation des paumes de la main permet à la peau de mieux laisser passer des courants de faible intensité : en posant la main de quelqu'un sur un appareil comportant deux électrodes distantes, on peut mesurer la facilité avec laquelle sa peau laisse ou non passer le courant électrique. Plus une personne est anxieuse, plus le courant passe facilement ; il est donc possible de mesurer approximativement le degré d'anxiété des patients phobiques que l'on confronte à ce qui leur fait peur. Notons que les détecteurs de mensonge fonctionnent sur ce principe : en fait, ils sont seulement des détecteurs d'émotivité et d'anxiété !

Décompenser : La santé mentale n'est pas quelque chose de définitivement acquis et stable, elle est le fruit de constants efforts d'ajustement de l'individu à son environnement. Ceci est encore plus vrai pour les personnes présentant une vulnérabilité particulière (par exemple celles qui sont prédisposées à des émotions anxieuses ou dépressives). Cette fragilité est souvent liée à des facteurs génétiques ou a été acquise par le biais d'un environnement familial ou social pathogène. Dans tous les cas, elle peut être *compensée* par des stratégies et des efforts du sujet (mécanismes de défense psychologiques, choix de certains modes de vie protecteurs…). Pourtant, il arrive que cette vulnérabilité se manifeste sous la forme de symptômes, en général à la suite d'événements de vie stressants : on dit que le sujet *décompense*, ce qui sous-entend que les événements de vie n'ont joué qu'un rôle déclencheur et non causal dans les troubles qui apparaissent.

Désensibilisation : technique utilisée dans les psychothérapies comportementales consistant à aider la personne phobique à faire diminuer peu à peu ses réactions anxieuses : le thérapeute expose progressivement son patient aux situations redoutées de manière directe, ou après l'avoir aidé à se relaxer (on parle alors de *désensibilisation systématique*), jusqu'à ce que les réactions anxieuses disparaissent progressivement.

Épidémiologie : étude de la fréquence d'un trouble dans une population donnée. On sait grâce à des études épidémiologiques qu'environ 30 % de la population américaine présente une phobie de la prise de parole en public (forme spécifique de phobie sociale). Ce type d'étude peut porter sur la fréquence d'une affection en population générale, ou dans des populations spécifiques : les patients demandeurs de soins en psychiatrie ou en médecine générale, les hommes ou les femmes, etc. On évalue par exemple qu'en France 12,5 % des hommes et 28,9 % des femmes souffriraient de phobies, toutes formes confondues.

Exposition : technique de thérapie comportementale consistant à confronter le patient phobique aux situations qu'il redoute, de façon à lui permettre peu à peu de maîtriser l'angoisse liée à ces situations. Pour être efficace, l'exposition doit obéir à des règles très précises (de durée, de progressivité, de régularité, etc.). Elle ne peut être correctement conduite qu'avec la pleine participation du patient phobique.

Habituation : au fur et à mesure qu'un patient phobique s'expose à ce qu'il redoute, sa réponse anxieuse diminue en intensité : c'est l'habituation. Le patient «s'habitue» au stimulus anxiogène. Pour que l'habituation ait lieu, il faut que le patient ait un sentiment de contrôle sur son exposition (en ayant la possibilité de l'interrompre à tout instant).

Handicap : dans les phobies, le handicap est principalement lié aux évitements ; plus l'objet ou la situation phobogène est difficile à éviter dans l'environnement du patient, plus le handicap est important. Pour un citadin, une phobie des araignées est moins handicapante qu'une phobie des transports en commun.

Intéroceptive : la sensibilité intéroceptive concerne la perception de nos sensations physiologiques ; elle est aussi appelée « sensibilité viscérale ». Chez de nombreux sujets phobiques, cette sensibilité est exacerbée et les rend trop réactifs à des sensations physiologiques minimes ou banales, comme une palpitation ou un léger vertige. On l'appelle alors « sensitivité anxieuse ».

Neurotransmetteurs : substances chimiques synthétisées par le cerveau, et qui transmettent les informations d'un neurone à un autre. Les principaux neurotransmetteurs connus à ce jour pour être impliqués dans les maladies psychiques sont la sérotonine, la noradrénaline, et la dopamine.

Personnalité *borderline* : trouble sévère de la personnalité, caractérisé par une grande difficulté du malade à vivre des relations interpersonnelles stables (amicales, sentimentales, professionnelles), par une tendance à l'impulsivité et à l'auto-agressivité (les tentatives de suicide sont nombreuses), par de l'autodévalorisation et de fréquents affects dépressifs. Dans ce type de pathologie, les troubles phobiques dont souffrent certains patients ne sont pas leurs symptômes les plus sévères.

Personnalité dépendante : profil psychologique marqué par le besoin général et excessif d'être rassuré par la présence, les conseils ou l'approbation d'autres personnes. Ce type de personnalité se caractérise notamment par la difficulté à prendre seul des décisions ou des initiatives, à assumer des responsabilités, à s'opposer à l'avis d'autrui... De tels traits de caractère se retrouvent parfois dans les troubles phobiques, et notamment dans l'agoraphobie avec trouble panique.

Personnalité évitante : tendance générale à l'inhibition ou à l'évitement des situations sociales, par crainte du jugement d'autrui ou d'un rejet. Les individus à personnalité évitante sont particulièrement sensibles à la critique ou à la désapprobation, et sont réticents à se révéler ou à s'engager dans des relations interpersonnelles, à moins d'être sûrs d'être appréciés. Ce profil de personnalité est très répandu dans les phobies sociales.

Perturbations attentionnelles : beaucoup de travaux ont mis en évidence des troubles de l'attention chez les sujets phobiques (et, plus généralement, chez les personnes anxieuses). Une personne phobique consacre beaucoup d'attention à surveiller son environnement (hypervigilance) pour y dépister précocement tout ce qui pourrait représenter un danger lié à ses peurs. La contrepartie de cette vigilance est que les phobiques se révèlent souvent inattentifs à d'autres éléments de leur environnement, leur capacité d'attention globale étant limitée. On a ainsi pu montrer que des patients phobiques sociaux étaient beaucoup plus concentrés, pendant un échange, sur leurs pulsations cardiaques (« Pourquoi mon cœur bat-il si fort ? ») ou la mimique de leur interlocuteur (« Qu'est-il en train de penser de moi ? »), que sur le contenu de la discussion : après l'entretien, ils ont plus de mal à se souvenir de la conversation que les personnes non anxieuses ou que les sujets dont l'anxiété n'est pas une anxiété sociale.

Psychologie scientifique : la psychologie naissante était encore, au début du XXe siècle, très imprégnée par la tradition philosophique et littéraire de l'introspection, et donc hautement subjective. En réaction à cette tendance, le psychologue américain John Watson publia, en 1913, un manifeste célèbre, *Psychology as the Behaviorist Views it*, dans lequel il défendait plu-

113

sieurs principes théoriques qui fondaient une vision plus scientifique de la discipline : la psychologie doit être la science du comportement et non l'étude de la conscience par l'introspection, le but de la psychologie est la prédiction et le contrôle du comportement, etc. Les psychothérapies comportementales et cognitives actuelles sont les héritières directes de ce manifeste de Watson : elles posent une hypothèse, l'appliquent et l'évaluent ; si les résultats ne sont pas conformes à l'hypothèse de départ, elles s'inclinent devant les faits, et remettent en question l'hypothèse pour lui donner une nouvelle formulation.

Longtemps hostile à un des principes fondamentaux de l'approche scientifique – l'évaluation systématique des résultats obtenus –, le petit monde des psychothérapeutes reconnaît aujourd'hui l'importance de l'évaluation pour l'évolution et le perfectionnement des techniques de soins.

Psychotrope : substance chimique capable d'agir sur l'activité mentale. Les principaux médicaments psychotropes sont les antidépresseurs, les anxiolytiques (ou tranquillisants), les neuroleptiques (ou antipsychotiques), les stabilisateurs de l'humeur et les hypnotiques, ou somnifères. Cette classification traditionnelle des psychotropes est en train d'évoluer profondément, car on a découvert que certains antidépresseurs ont aussi une action spécifique antiangoisse et antiphobique. Faut-il continuer à les appeler « antidépresseurs » ?

Schizophrénie : maladie mentale d'évolution chronique, caractérisée par différents symptômes selon ses diverses formes : idées délirantes, repli social et apragmatisme, troubles de la relation à autrui, bizarreries du comportement et des raisonnements… Des symptômes phobiques peuvent exister chez les sujets schizophrènes, mais ils doivent alors être appréhendés avec prudence, et le traitement doit porter en priorité sur les autres manifestations de la maladie.

Sensibilisation : si un patient phobique est exposé de manière inadéquate à ce qu'il redoute (par exemple de façon trop brève, ou trop brutale), il ne s'habituera pas au stimulus phobogène, mais verra au contraire sa réaction anxieuse augmenter : c'est la sensibilisation. Les tentatives de l'entourage pour pousser le phobique à surmonter ses peurs aboutissent parfois à de tels résultats (« On l'a forcé à se jeter à l'eau. »).

Spasmophilie : tendance aux «spasmes musculaires et viscéraux, due à une excitabilité musculaire anormale». Ce terme autrefois utilisé pour tenter de porter un diagnostic sur des manifestations déconcertantes pour les médecins mériterait d'être abandonné : il est probable que les patients dits «spasmophiles» présentent en fait une sensitivité anxieuse excessive, et sont, pour certains d'entre eux, d'authentiques paniqueurs. Être catalogué spasmophile risque de les condamner à recevoir des soins inefficaces.

Thérapie cognitive : cousine de la thérapie comportementale, cette psychothérapie consiste à aider le patient à prendre conscience de ses contenus de pensée liés aux situations phobiques, et à les modifier avec l'aide du thérapeute.

115

Thérapie comportementale : cet ensemble de techniques psychothérapiques consiste à apprendre au patient des comportements plus adaptés pour faire face à ses difficultés. Les comportementalistes partent du principe que la réduction des symptômes phobiques (diminution des évitements et de l'angoisse) est le meilleur signe de l'efficacité de la thérapie, et que cette amélioration symptomatique entraînera un mieux-être général chez le patient.

Trouble obsessionnel-compulsif (ou TOC) : trouble anxieux caractérisé par des pensées intrusives incontrôlables – les obsessions – portant sur des thèmes angoissants pour le patient (risque de contamination, d'oubli, d'erreur…), et des rituels également incontrôlables – les compulsions – qui soulagent l'angoisse dans l'immédiat (se laver les mains, vérifier, ranger…). Certains patients phobiques peuvent aussi souffrir d'un TOC.

Table des références

p. 7 : Zweig, S., *La Peur*, Grasset, 1984, p. 11.

p. 11 : Cosnier, J., *Psychologie des émotions et des sentiments*, Nathan, 1994.

p. 12 : Montaigne, M. de, *Essais*, GF-Flammarion, 1969, p. 120.

p. 12 : Delumeau, J., *La Peur en Occident*, Fayard, 1978.

p. 13 : Garber, S. *et al.*, *Les Peurs de votre enfant*, Odile Jacob, 1997.

p. 14 : Curtis, G.C. *et al.*, « Specific fears and phobias : epidemiology and classification », *British Journal of Psychiatry*, n° 173, 1998, p. 212-217.

p. 14 : Sartre, J.-P., *Esquisse d'une théorie des émotions*, Herman et Cie, 1965.

p. 15 : McFarland, D., *Dictionnaire du comportement animal*, Robert Laffont, 1990.

p. 19 : Freud, S., *Introduction à la psychanalyse*, Payot, 1971, p. 135.

p. 20 : American Psychiatric Association, DSM-IV, *Manuel diagnostique et statistique des troubles mentaux*, 4e éd., Masson, 1996.

p. 21 : Magee, W.J. *et al.*, « Agoraphobia, simple phobia and social phobia in the National Comorbidity Survey », *Archives of General Psychiatry*, n° 53, 1996, p. 159-168.

p. 22 : Davey, G.C.L. *et al.*, « A cross-cultural study of animal fears », *Behaviour Research and Therapy*, n° 36, 1998, p. 735-750.

p. 22 : Ronsard, P. de, *Œuvres complètes*, Gallimard, « Bibliothèque de la Pléiade », t. II, 1950, p. 334.

p. 27 : Van Gerween, L.J. *et al.*, « People who seek help for fear of flying : typology of flying phobics », *Behavior Therapy*, n° 28, 1997, p. 237-251.

p. 29 : Aubenas, F., «Le cauchemar de Paul, claustrophobe», *Libération*, 6 mai 1994.

p. 34 : Leroy, P., *Voyage au bout de l'angoisse*, Anne Carrière, 1997, p. 17-18.

p. 37 : Morita, S., *Shinkeishitsu*, Les Empêcheurs de penser en rond, 1997, p. 48 et p. 50.

p. 38 : Boulenger, J.-P. (dir.), *L'Attaque de panique : un nouveau concept ?*, Goureau, 1987, p. 92.

p. 40 : Leon, A.C., Portera, L., Weissman, M.M., «The social cost of anxiety disorders», *British Journal of Psychiatry*, n° 166, 1995, p. 19-22.

p. 42 : André, C., *La Timidité*, PUF, 1997.

p. 47 : Stein, M.B. *et al.*, «Public-speaking fears in a community sample», *Archives of General Psychiatry*, n° 53, 1996, p. 169-174.

p. 49 : Davidson, J.R. *et al.*, «The boundary of social phobia : exploring the treshold», *Archives of General Psychiatry*, n° 51, 1994, p. 975-983.

p. 49 : Wittchen, H.U., Beloch, E., «The impact of social phobia on quality of life», *International Clinical Psychopharmacology*, n° 11, 1996, p. 15-23.

p. 53 : Descartes, R., *Les Passions de l'âme*, Gallimard, «Bibliothèque de la Pléiade», 1953, p. 758.

p. 54 : Freud, S., «Analyse d'une phobie chez un petit garçon de cinq ans» (Le petit Hans), *Cinq Psychanalyses*, PUF, 1979, p. 93-198.

p. 56 : Davey, G.C.L., «A conditionning model of phobias», *Phobias, a Handbook of Theory, Research and Treatment*, Chichester, Wiley, 1997.

p. 57 : Bouwer, C. *et al.*, «Association of panic disorder with a history of traumatic suffocation», *American Journal of Psychiatry*, n° 154, 1997, p. 1566-1570.

117

p. 58 : De Jong, P.J. *et al.*, « Spider phobia in children », *Behavior Research and Therapy*, n° 35, 1997, p. 559-562.

p. 58 : Muris, P. *et al.*, « The role of parental fearfulness and modeling in children's fear », *Behavior Research and Therapy*, n° 34, 1996, p. 265-268.

p. 61 : Ambroise, saint, cité dans C. Carbone, *La Peur du loup*, Gallimard, 1991.

p. 62 : Seligman, M., « Phobias and preparedness », *Behavior Therapy*, 1971, n° 2, p. 307-320.

p. 62 : Cook, M. *et al.*, « Selective associations in the origins of phobics fears and their implications for behavior therapy », in P. Martin (ed.), *Handbbok of Behavior Therapy and Psychological Science*, New York, Pergamon Press, 1991.

p. 63 : Kendler, K.S. *et al.*, « The genetic epidemiology of phobias in women », *Archives of General Psychiatry*, n° 49, 1992, p. 273-281.

p. 65 : Wiedemann, G. *et al.*, « Frontal brain asymmetry as a biological substrate of emotions in patients with panic disorders », *Archives of General Psychiatry*, n° 56, 1999, p. 78-84.

p. 65 : Rauch, S.L. *et al.*, « A positron emission tomographic study of simple phobic symptom provocation », *Archives of General Psychiatry*, n° 52, 1995, p. 20-28.

p. 65 : Fredrikson, M. *et al.*, « Functional neuroanatomy of visualy elicited simple phobic fear », *Psychophysiology*, n° 32, 1995, p. 43-48.

p. 67 : Öhman, A. *et al.*, « Unconscious anxiety : phobic responses to masked stimuli », *Journal of Abnormal Psychology*, n° 103, 1994, p. 231-240.

p. 67 : Wells, A. *et al.*, « Social phobia : a cognitive approach », in G.C.L. Davey, *Phobias*, Chichester, Wiley, 1997.

p. 67 : Lavy, E. *et al.*, «Selective attention evidence by pictorial and linguistic stroop tasks», *Behavior Therapy*, n° 24, 1993, p. 645-657.

p. 68 : Lavy, E. *et al.*, «Attentional bias and spider phobia», *Behavior Research and Therapy*, n° 31, 1993, p. 17-24.

p. 71 : Süskind, P., *Le Pigeon* (1re éd. Fayard, 1987), Livre de poche, 1996, p. 88.

p. 75 : Rodriguez, B.I. *et al.*, «Does distraction interfere with fear reduction during exposure?», *Behavior Therapy*, n° 26, 1995, p. 337-349.

p. 80 : Kagan, J. *et al.*, «Temperamental factors in human development», *American Psychologist*, n° 46, 1991, p. 856-886.

p. 81 : Rosenbaum, J.F. *et al.*, «Behavioral inhibition in children : a possible precursor to panic disorder or social phobia», *Journal of Clinical Psychiatry*, n° 52, 1991, p. 5-9.

p. 84 : Klein, D.F., «Delineation of two drug-responsive anxiety syndromes», *Psychopharmacologia*, n° 5, 1964, p. 387-408.

p. 84 : Wolpe, J., *Pratique de la thérapie comportementale*, Masson, 1975.

p. 84 : Marks, I., *Traitement et prise en charge des malades névrotiques*, Québec, Gaëtan Morin, 1985.

p. 85 : Wilhelm, F.H. *et al.*, «Acute and delayed effects of alprazolam on flights phobics during exposure», *Behavior Research and Therapy*, n° 35, 1997, p. 831-841.

p. 91 : Wiborg, I.M. *et al.*, «Does brief dynamic psychotherapy reduce the relapse rate of panic disorder?», *Archives of General Psychiatry*, n° 53, 1996, p. 689-694.

p. 91 : World Health Organization, *Treatment of Mental Disorders*, Washington DC, American Psychiatric Press, 1993.

p. 92 : Raimy, V.C., *Training in clinical psychology*, New York, Prentice-Hall, 1950.

p. 93 : Barlow, D.H. *et al.*, «Advances in the psychosocial treatment of anxiety disorders», *Archives of General Psychiatry*, n° 53, 1996, p. 727-735.

p. 93 : Mavissakalian, M.R., *Long-term treatments of anxiety disorders*, Washington, American Psychiatric Press, 1996.

p. 94 : Janet, P., *Les Névroses*, Flammarion, 1909.

p. 96 : Öst, L.G., «One-session group treatment of spider phobia», *Behavior Research and Therapy*, n° 34, 1996, p. 707-715.

p. 96 : Öst, L.G. *et al.*, «One versus five sessions of exposure in the treatment of injection phobia», *Behavior Therapy*, n° 22, 1992, p. 263-281.

p. 99 : Rothbaum, B.O. *et al.*, «Effectiveness of computer-generated (virtual reality) graded exposure in the treatment of acrophobia», *American Journal of Psychiatry*, n° 152, 1995, p. 626-628.

p. 99 : Carlin, A.S. *et al.*, «Virtual reality and tactile augmentation in the treatment of spider phobia», *Behavior Research and Therapy*, n° 35, 1997, p. 153-158.

p. 100 : Helvétius, cité dans G. Pommerand, *Le Petit Philosophe de poche* (1re éd. Librairie générale française, 1962), Livre de poche, 1989, p. 105.

p. 111 : Stein, M.B. *et al.*, «Public-speaking fears in a community sample», *Archives of General Psychiatry*, n° 53, 1996, p. 169-174.

p. 111 : Chignon, J.-M., Lépine, J.-P., «Épidémiologie des troubles anxieux et névrotiques», in *Épidémiologie psychiatrique*, F. Rouillon (dir.), Éditions Jean-Pierre Goureau, 1995, p. 151.

p. 114 : Séron, X., Lambert, J.L., Van der Linden, M., *La Modification du comportement. Théorie, pratique, éthique*, Liège, Mardaga, 1977, p. 17.

Bibliographie

Bibliographie en langue française

ALBERT, É. et CHNEIWEISS, L., *L'Anxiété au quotidien*, Odile Jacob, 1992.

ANDRÉ, C. (dir.), *Phobies et obsessions*, Doin, 1998.

ANDRÉ, C. et LÉGERON, P., *La Peur des autres : trac, timidité et phobie sociale*, Odile Jacob, 1995.

APFELDORFER, G., *Pas de panique! Manuel à l'usage des phobiques, des angoissés et des peureux*, Hachette, 1998.

COTTRAUX, J., *Les Thérapies comportementales et cognitives*, Masson, 1998.

COTTRAUX, J., MOLLARD, É., *Les Phobies, perspectives nouvelles*, PUF, 1986.

DELUMEAU, J., *La Peur en Occident*, Fayard, 1978.

GARBER, S. *et al.*, *Les Peurs de votre enfant : comment l'aider à les vaincre ?*, Odile Jacob, 1993.

GEORGE, G. et VERA, L., *La Timidité chez l'enfant et l'adolescent*, Dunod, 1999.

LELORD, F., *Les Contes d'un psychiatre ordinaire*, Odile Jacob, 1993.

LEMPÉRIÈRE, T. (dir.), *Le Trouble panique*, Masson, 1998.

LIEURY, A., *La psychologie est-elle une science ?*, Flammarion, 1997.

MARCHAND, A. et LETARTE, A., *La Peur d'avoir peur*, Québec, Stanké, 1993.

ORLEMANS, H. et VAN DEN-BERGH, O., *Phobies intéroceptives et phobies des maladies*, PUF, 1997.

SERVANT, D., PARQUET, P.-J. (dir.), *Les Phobies sociales*, Masson, 1997.

VAN RILLAER, J., *Peurs, angoisses et phobies*, Bernet-Danilo, 1998.

Bibliographie en langue anglaise

ANDREWS, G. *et al.*, *The Treatment of Anxiety Disorders*, Cambridge, Cambridge University Press, 1994.

BECK, A.T., EMERY, G., GREENBERG, R.L., *Anxiety Disorders and Phobias : a Cognitive Perspective*, New York, Basic Books, 1985.

DAVEY, G.C.L. (dir.), *Phobias*, Chichester, Wiley, 1997.

DEN BOER, J.A. (dir.), *Clinical Management of Anxiety*, New York, Marcel Dekker, 1997.

Index

Dans la même collection

Achevé d'imprimer en octobre 1999
sur les presses de
l'Imprimerie Hérissey à Évreux
N° d'éditeur : FC 570801
N° d'imprimeur : 85435
Dépôt légal : Novembre 1999